SV

Marie-Astrid Langer

# Kamala Harris

### Ein Porträt

Suhrkamp

Erste Auflage 2021
suhrkamp taschenbuch 5212
© Suhrkamp Verlag Berlin 2021
Suhrkamp Taschenbuch Verlag
Alle Rechte vorbehalten, insbesondere das
der Übersetzung, des öffentlichen Vortrags sowie der Übertragung
durch Rundfunk und Fernsehen, auch einzelner Teile.
Kein Teil des Werkes darf in irgendeiner Form
(durch Fotografie, Mikrofilm oder andere Verfahren)
ohne schriftliche Genehmigung des Verlages reproduziert
oder unter Verwendung elektronischer Systeme verarbeitet,
vervielfältigt oder verbreitet werden.
Umschlagfoto: UPI/laif
Umschlaggestaltung: Rothfos & Gabler, Hamburg
Satz: Satz-Offizin Hümmer GmbH, Waldbüttelbrunn
Druck und Bindung: CPI books GmbH, Leck
Printed in Germany
ISBN 978-3-518-47212-5

# Kamala Harris

Ein Porträt

*Für meine Eltern*

# Inhalt

*Prolog*

## 7. November 2020

Es ist Tag vier nach der amerikanischen Präsidentschaftswahl 2020 und noch immer steht kein Sieger fest. Seit Tagen kleben Millionen von Zuschauern in den USA und in
aller Welt vor den Bildschirmen. Rund um die Uhr verfolgen sie auf CNN und anderen Kabelsendern, wie stückwei-
se Wahlergebnisse aus Nevada, Pennsylvania, Arizona und
Georgia eintreffen und die Hochrechnungen sich ändern.
Wie aus 215 Elektorenstimmen für Joe Biden erst 248 werden, dann 264, aber eben nicht die heiß ersehnten 270,
die Schwelle für den Wahlsieg. Biden führt knapp in Pennsylvania, auch in Georgia und Arizona – es sind enorme Erfolge für die Demokraten, aber noch keine Entscheidungen.
Rund um den Globus bangen die einen und hoffen die anderen: Ist die Präsidentschaft Donald Trumps vorbei?

Die Frau, die an diesem Tag Geschichte schreiben wird,
ist am frühen Morgen walken. In Sweatshirt und mit dunk-
ler Sonnenbrille läuft sie mit ihrem Ehemann über die Wie-
sen in Wilmington, Delaware – einen Steinwurf von dort
entfernt, wo Bidens Wahlkampfteam seinen Hauptsitz hat.
Nach einiger Zeit dreht sie um und geht ins Hotel zum Du-
schen. Gerade hat sie das Wasser angedreht, damit es heiß
wird, als sie auf ihr Handy schaut: Die Nachrichtenagentur
Associated Press hat soeben Joe Biden zum Sieger in Pennsylvania gekürt. Auf einmal ist alles klar. Er wird mehr als

270 Elektorenstimmen bekommen. Er wird die Präsidentschaftswahl gewinnen. Und sie, Kamala Harris, sein »Running Mate«, wird die erste Vizepräsidentin der Vereinigten
Staaten werden.

Es ist halb 12 Uhr mittags amerikanischer Ostküstenzeit.
Harris rennt aus dem Badezimmer – das Duschwasser läuft
weiter –, raus auf die Wiese, zu ihrem Mann Doug. Sie fällt
ihm um den Hals, verschwitzt und etwas atemlos, die Agen-
ten des Secret Service stehen daneben. Dann greift Harris
zum Handy und ruft den künftigen amerikanischen Präsidenten an. »Wir haben es geschafft. Wir haben es geschafft,
Joe!«, sagt sie ins Telefon und lacht. Es klingt, als könne
sie es selbst noch nicht glauben.

Wenige Stunden später hat Harris die Turnschuhe gegen
Pumps getauscht, die Jogginghose gegen einen Hosenanzug. Sie trägt Weiß, die Farbe der Suffragetten – jener Femi-
nistinnen, die vor genau hundert Jahren das Wahlrecht für
Frauen erkämpft hatten.

An diesem Abend schließt sich der Kreis. 244 Jahre nach
der Gründung der Vereinigten Staaten gewinnt erstmals
eine Frau das zweitmächtigste Amt im Land – und noch
dazu eine Afroamerikanerin. Nach achtundvierzig Männern wird es erstmals heißen »Madame Vice President«.
Um das zu würdigen, wird am Abend nicht nur der frisch-
gekürte Präsidentschaftsgewinner eine Siegesrede halten,
so wie üblich, sondern diesmal auch seine Stellvertreterin.
Es ist das erste Mal in der Geschichte, dass die Wahl der
Nummer zwei geschichtsträchtiger ist als die des Präsidenten.

Statt in einem Ballsaal werden Harris und Biden nun vor

einem Parkplatz sprechen. Um halb neun Uhr abends sind auf dem Parkplatz vor dem Chase Center in Wilmington, Delaware Hunderte Menschen zusammengekommen. Wegen der Pandemie sitzen sie alle in ihren Fahrzeugen, manche auch auf Autodächern, einige schwenken die amerikanische Flagge. An eine Fensterscheibe hat jemand auf einen Zettel mit Hand geschrieben: »Von der Tochter von Zuwanderern zur Vizepräsidentin.«

Aus den Lautsprechern dröhnt die Stimme der Schwarzen Sängerin Mary J. Blige, als Harris auf die Bühne tritt und zum Mikrofon läuft. Autos hupen, die Menschen jubeln und johlen, Harris lacht und winkt. Sie streicht sich die Haare hinter die Ohren, atmet noch einmal tief durch – und fängt an zu reden. Bis die Menge sie zu Wort kommen lässt, muss sie sechs Mal ansetzen.

Harris beginnt mit John Lewis, dem verstorbenen Kongressabgeordneten, der seinen Kampf für das Wahlrecht für Schwarze einst mit Prügel und Haftstrafen bezahlte. Sie dankt ihren Mitarbeiter*innen, den Wähler*innen, ihrer Familie, vor allem Joe Biden. »Er hatte die Verwegenheit, eine Frau als Vizepräsidentin zu ernennen«, sagt sie, ihre Stimme zittert ein wenig. Sie dankt den Frauen, die jahrhundertelang für Gleichberechtigung gekämpft haben und auf deren Schulter sie stehe. Dann hält sie einen Moment inne, bevor sie zur Kernbotschaft an diesem Abend ansetzt. »Es mag sein, dass ich die erste Frau in diesem Amt bin, aber ich werde nicht die letzte sein, denn jedes kleine Mädchen, das heute Abend zuschaut, sieht, dass in diesem Land alles möglich ist.«

Die Menge in Wilmington tobt und klatscht, Fernsehkameras fangen die Gesichter alter Frauen und junger Mädchen ein, die sich die Tränen aus den Augen wischen. Ihnen allen ist klar: Hier wird gerade Geschichte geschrieben.

Was viele jedoch nicht wissen, ist, dass Harris in diesem Moment ein Versprechen einlöst: »Kamala«, hat ihre Mutter immer gesagt, »du wirst häufig die Erste sein, die etwas erreicht. Stell sicher, dass du nicht die Letzte bist.«

Überhaupt ist die Mutter der Leuchtturm in Harris' Leben. Die treibende Kraft, dank der die Tochter eine gläserne Decke nach der anderen durchbrochen hat. Die aus ihr die Frau gemacht hat, von der viele glauben, sie könnte bald die erste Präsidentin Amerikas werden. Wer verstehen will, wer diese Kamala Harris ist, wofür sie steht, was sie will – der muss verstehen, woher sie kommt.

# I

## In die Wiege gelegt

Lange bevor Kamala Harris Vizepräsidentin der Vereinigten Staaten wird, bevor sie als zweite Schwarze Senatorin in den Kongress zieht, bevor sie die erste Generalstaatsanwältin Kaliforniens und erste Bezirksanwältin San Franciscos wird, wächst sie als Einwandererkind in der nordkalifornischen Bay Area auf. Hier in Oakland, im Kaiser Permanente Hospital im Stadtzentrum, wird Kamala Devi Harris am 20. Oktober 1964 geboren. Oakland ist nicht gerade die Wiege politischer Karrieren in den USA. Die Stadt ist der hässliche kleine Bruder San Franciscos: Auf der östlichen Seite der Bay gelegen, macht sie bis heute Schlagzeilen mit Schießereien, Bandenkämpfen, Drogenhandel.

In gewisser Weise ist Kamala Harris' Familie so ungewöhnlich, wie es nur für Amerika typisch sein kann: Ihre Mutter, Shyamala Gopalan, ist aus Indien zugewandert, ihr Vater, Donald Harris, aus Jamaika. Beide Eltern werden 1938 in einer britischen Kolonie geboren, allerdings an entgegengesetzten Enden der Welt. Shyamala Gopalan wächst im südöstlichen indischen Bundesstaat Tamil Nadu auf, als ältestes von vier Kindern eines hohen Staatsbediensteten und einer Bürgerrechtsaktivistin. Ihre Familie gehört der Brahmanen-Kaste an, der obersten Schicht im indischen Kastenwesen. Die Brahmanen begleiteten traditionell angesehene Positionen, etwa das Amt von Priestern; Brahaminnen sollten gar nicht arbeiten.

Gopalan wiederum hat ganz andere Pläne für ihr Leben. Schon als Mädchen will sie Biochemikerin werden, doch eine solche Laufbahn ist für Frauen im damaligen Indien grundsätzlich nicht vorgesehen. Stattdessen studiert sie an der reinen Frauen-Hochschule Lady Irwin College in Delhi das, was ihr offensteht: Haushaltswissenschaften. Der Vater und der Bruder ziehen sie damit auf. »Was studiert man denn bei Haushaltswissenschaften: Wie man den Teller richtig auf den Tisch stellt?« Nach außen habe seine Schwester über diese Sprüche gelacht, erinnert sich ihr Bruder Gopalan Balachandran, inzwischen achtzig Jahre alt. »›Ihr habt ja keine Ahnung‹, hat sie immer gesagt«, wie er am Telefon erzählt. Doch insgeheim schmiedet sie andere Pläne.

Die präsentiert sie ihrer Familie, als sie neunzehn Jahre alt ist und bereits den ersten Hochschulabschluss in der Tasche hat: Sie hat sich an der kalifornischen Universität Berkeley beworben und ist angenommen worden. Dort will sie nun Endokrinologie und Ernährungswissenschaften studieren – »nicht Haushaltswissenschaften«, fügt sie hinzu – und darin promovieren mit dem Ziel, Brustkrebs zu erforschen.

Die Familie ist überrascht. Die Universität Berkeley, eine der renommiertesten der USA, ist ihnen kein Begriff, niemand aus der Familie hat Indien je den Rücken gekehrt. »Mein Vater sagte ihr, er kenne niemanden in den USA und schon gar nicht in Berkeley«, erinnert sich der Bruder. Anders als heute ist die kalifornische Bay Area in jenen Tagen auch noch keine Enklave indischer Migranten, die der jungen Gopalan Rückhalt geben könnten. Trotzdem unterstützen die Eltern das Vorhaben. »Wir haben uns alle für sie gefreut, auch wenn wir sehr überrascht waren, weil wir von ihren Plänen ja nichts gewusst hatten. Es war eine aufregende Zeit in der Geschichte unserer Familie.« Seine Schwester habe schon immer ihren eigenen Kopf gehabt und zeitlebens Dinge gemacht, die sonst niemand machte. Der Vater nimmt Geld aus seiner Pensionskasse als Beamter, um der Tochter das erste Studienjahr zu finanzieren. Doch die Erwartungshaltung ist klar: Shyamala Gopalan soll nach dem Studienabschluss nach Indien zurückkehren. Die Eltern waren eine arrangierte Ehe eingegangen, für die Tochter planen sie das Gleiche.

Auch die anderen drei Geschwister werden später ihre eigenen Wege gehen: Eine Schwester studiert Geburtskunde in Indien und arbeitet als ärztliche Direktorin an einem der größten Krankenhäuser in Chennai; die andere als Informatikerin in Toronto; der Bruder Gopalan Balachandran promoviert in Volkswirtschaft und Computerwissenschaften in den USA. Alle verbindet das akademische Interesse, eine Sehnsucht nach dem Ausland und ein starker eigener Wille.

13 000 Kilometer entfernt, in einer anderen britischen Kolonie, sehnt sich ein junger Mann ebenfalls nach einem Studium in den Vereinigten Staaten. Donald Jasper Harris wächst an der Nordküste der Karibikinsel Jamaika auf, als Sohn einer großen Familie von Landbesitzern. Die Großmutter väterlicherseits zieht ihn auf. »Don« ist ein zielstrebiger und erfolgreicher Student, nach seinem Studienabschluss an der University of the West Indies bietet ihm die britische Kolonialregierung ein Stipendium an, um in Volks-

wirtschaften zu promovieren – unter der Annahme, dass er dies wie andere Stipendiaten in Großbritannien tun wird.

Doch der Dreiundzwanzigjährige hat genug von der britischen Gehirnwäsche, die er in seiner Schulzeit und dem Grundstudium erfahren hatte, erzählt er später in einem Interview. Schon als Teenager zog ihn die amerikanische Kultur in den Bann, besonders die afroamerikanische Musik, die er über amerikanische Sender im Radio hörte: Jazz-Lieder, die eine US-Marinebasis in Guantanamo spielt, und eine Rhythm-and-Blues-Sendung aus Nashville. Das Land wirkt für ihn »aus der Ferne betrachtet wie eine Gemeinde, in der sich die Leute lebhaft und dynamisch mischten«.

Speziell die Universität Berkeley hat Harris' Interesse geweckt. Er interessiert sich für die Bürgerrechtsbewegung in den USA und ist begeistert zu lesen, dass studentische Aktivist*innen von Berkeley extra in die Südstaaten gereist seien, um dort zu protestieren. Seine Bewerbung um einen Studienplatz wird angenommen, und nach einigem Hin und Her darf er sein Stipendium in die USA mitnehmen.

Harris kommt 1961, wenige Jahre nach Gopalan, in Berkeley an. Auch er ist ein Einzelkämpfer, weniger als 25 000 jamaikanische Zuwanderer leben in jenen Jahren gemäß dem Migration Policy Institute in den USA. Zum damaligen Zeitpunkt sind auch erst wenige Hundert der mehr als 20 000 Studenten in Berkeley Schwarz. Diese tun sich oft in politischen Studentenvereinigungen zusammen. Eine der einflussreichsten ist die »Afro-American Association«. Hier diskutieren die Studierenden, was »Black Culture« bedeutet, wie sich die Gesellschaft verändern lässt, wie wahre Gleichberechtigung aussehen könnte. Einige ihrer Mitglieder werden 1966 die Black Panther Party gründen, eine radikalsozialistische Bewegung in Oakland, die sich für die Belange der Schwarzen einsetzt – teils mit Waffengewalt.

Auch Harris gehört der »Afro-American Association« an. Im Herbst 1962 hält er für die Organisation einen Vortrag in Berkeley. Die Zuschauer drängen sich Schulter an Schulter in den Raum, als der großgewachsene, schlaksige Mann erzählt, wie er in Jamaika die britische Kolonialmacht erlebt hat. Eine kleine Gruppe Weißer habe dort eine »einheimische Schwarze Elite« geschaffen, sagt er; jedoch nur um darüber hinwegzutäuschen, welche enorme gesellschaftliche Ungleichheit es tatsächlich gebe.

Im Publikum steht eine schmächtige Frau, nur knapp über einen Meter fünfzig groß, doch mit ihrem Sari sticht sie aus der Masse heraus. Nach dem Vortrag nähert sie sich Harris, sie diskutieren über seine Annahmen. Es folgen weitere Treffen, und schon bald verlieben sich Shyamala Gopalan und Don Harris. Er ist ihr erster Freund.

Die beiden führen ein studentisches Doppelleben, wie es in Berkeley in jenen Jahren des gesellschaftlichen Umbruchs typisch wird: In ihren Studiengängen sind sie strebsam und erfolgreich, auch Gopalan erhält bald ein Stipendium. Am Wochenende wiederum protestieren sie auf dem Campus gegen den Vietnamkrieg, gegen das Apartheid-Regime in Südafrika, für die Gleichberechtigung aller Ethnien. Auch Berkeley erlebt in jener Zeit Umbruch: Die einst apolitische Stadt, in der vor allem weiße Männer studierten, wird durch die Proteste innerhalb weniger Jahre zu einer Hochburg progressiver Ideen und kulturell immer bunter. Vor allem der Vietnamkrieg und die damit verbundene Wehrpflicht erzürnen in den kommenden Jahren die Studierenden; bisweilen arten die Proteste auch gewaltsam aus.

Mit ihrer Familie hält Gopalan in jener Zeit so gut Kontakt wie möglich. Wie die meisten indischen Haushalte haben auch die Eltern kein Telefon zu Hause. Stattdessen schreiben sie sich Briefe auf hauchdünnem hellblauem Papier, sogenannte Aerogramme, die zwei Wochen mit der Post unterwegs sind.

Shyamala Gopalan und Donald Harris haben in Berkeley all das gefunden, was sie sich von den USA erträumt hatten: ein Netzwerk aus gleichgesinnten Aktivist*innen. Ein herausragendes akademisches Umfeld mit besten Karriereaussichten. Die Liebe. Der Kontrast zu ihren Heimatländern scheint ihnen unüberwindbar groß. Shyamala Gopalan ändert ihren ursprünglichen Plan: Statt nach dem Studienabschluss nach Indien zurückzukehren, zu den Eltern, den Geschwistern, beschließt sie, in den USA zu bleiben und zu heiraten. Sie stellt ihren künftigen Mann nicht mal den Eltern vor; auch mit der Tradition, die Hochzeit in ihrer indischen Heimatstadt zu feiern, bricht Gopalan. 1962 geben sie und Donald Harris sich das Ja-Wort. Keiner der Verwandten aus Indien kann daran teilnehmen, die Flugtickets sind zu teuer. Die Eheschließung sei gleichermaßen ein Akt aus Liebe wie aus Rebellion gegen die Eltern gewesen, sagt Kamala Harris später.

Zwei Jahre danach, mit fünfundzwanzig, schließt Gopalan im gleichen Jahr ihre Promotion ab und bringt die erste Tochter, Kamala, auf die Welt. Angeblich arbeitete die Mutter gerade im Labor an der Universität, als die Fruchtblase platzte. Gopalan besteht darauf, erst Kamala und später ihrer Schwester Maya Namen aus der indischen Mythologie zu geben; auch, damit die Mädchen ihre Herkunft nicht vergessen. Kamala bedeutet »Lotusblume« und ist einer der Namen einer Göttin, die besser als Lakshmi bekannt ist. Kamala Harris' Mittelname Devi beruht ebenfalls auf einer indischen Göttin, welche die Macht des Weiblichen verkörpert, aber auch den Schutzinstinkt einer Mutter. »Eine Kultur, die Göttinnen huldigt, bringt starke Frauen hervor«, ist Gopalan überzeugt.

Kamala bekommt das politische Engagement buchstäblich in die Wiege gelegt, wie sie später gern betont. Schon ihre Großmutter mütterlicherseits hatte in Indien misshandelte Frauen bei sich zu Hause aufgenommen und Frauen aus dem Dorf über die Verwendung von Verhütungsmitteln aufgeklärt. Auch Kamalas Eltern setzen ihre Protestaktivitäten nach der Geburt der Tochter fort und nehmen Kamala von klein auf mit. 1967 lernt die Mutter Martin Luther King jr. persönlich kennen, als er in Berkeley eine Rede hält.

Einmal – so erzählt Kamala Harris immer wieder bei Wahlkampfauftritten und in Interviews – nahm ihre Mutter sie mit auf eine Demonstration. Doch irgendwas passte dem Kleinkind nicht, wütend schimpfte Kamala im Kinderwagen vor sich hin. Die Mutter fragte schließlich, was denn los sei, ob Kamala etwas fehle. Da antwortete die Tochter das, was sie den ganzen Tag von den Erwachsenen gehört hatte: »Freiheit!«

Doch wie eine Fahne, die in der Sonne allmählich an Farbe verliert, verblasst die Liebe der Eltern. Shyamala und

Don streiten immer häufiger. Nachdem der Vater seinen Doktortitel erhält, zieht die Familie immer wieder um; zwei Jahre nach Kamala wird ihre Schwester Maya im Bundesstaat Illinois geboren. Ihre Eltern seien wie Feuer und Wasser gewesen, schreibt Harris rückblickend. »Ich glaube, wenn sie älter und etwas reifer gewesen wären, dann hätte die Ehe vielleicht gehalten. Aber sie waren so jung.«

Als Donald Harris schließlich eine Dozentenstelle im fernen Bundesstaat Wisconsin angeboten bekommt, zerbricht die Ehe. Shyamala Gopalan und die Töchter bleiben in Berkeley, der Vater zieht 3300 Kilometer gen Nordosten, um Wirtschaftswissenschaften an der University of Wisconsin in Madison zu lehren. Kamala ist fünf, Maya drei Jahre alt. Zwei Jahre später werden die Eltern offiziell geschieden. Das Wenige, was die Eltern besitzen, teilen sie untereinander auf – die Mutter bekommt den Diaprojektor und die Musikalben, der Vater die Regale. Einzig über die Aufteilung der Bücher hätten sich ihre Eltern gestritten.

Donald Harris spielt von nun an nur noch eine Nebenrolle im Leben seiner Töchter, obwohl er wenige Jahre später zurück in die Bay Area zieht. Er sieht die Kinder lediglich an den Wochenenden und in den Ferien. Die Scheidung hinterlässt die Eltern tief zerstritten, sie reden irgendwann gar nicht mehr miteinander. Als Harris die Eltern Jahre später zu ihrer Abschlussfeier der High-School einlädt, befürchtet sie zunächst, dass entweder die Mutter oder der Vater nicht kommen wird; tatsächlich aber erscheinen beide.

Trotz der Scheidung und der Trennung von seinen Kindern legt der Vater Wert darauf, seinen Töchtern Stolz auf ihre jamaikanischen Wurzeln mitzugeben. Jahre später, im Sommer 1978, nimmt er sie beispielsweise mit auf ihr erstes Musikkonzert: Bob Marley and The Wailers spielen in Berkeley. Marley stammt aus dem gleichen Landkreis auf Jamaika – St. Ann in der Nordhälfte der Insel – wie die Familie Harris. Der Plan des Vaters geht auf. »Ich war völlig beeindruckt«, erinnert sich Harris, »bis heute kenne ich die Texte zu fast jedem Bob-Marley-Lied.«

Beruflich macht Donald Harris auf sich aufmerksam, weil er etablierte Wirtschaftstheorien hinterfragt. Er gilt als Anhänger des Marxismus und vertritt etwa die These, dass wirtschaftliche Ungleichheiten zwangsläufige Begleiterscheinungen des Wachstums in einer Marktwirtschaft sind. 1972 wird er zurück nach Nordkalifornien an die renommierte Universität Stanford in Palo Alto berufen. Dort hat er zunächst nur eine Gastprofessur. Auf Drängen der Studentenschaft wird er schließlich der erste Schwarze Akademiker an der Wirtschaftsfakultät mit einer Professorenstelle auf Lebenszeit. Es ist eine von vielen gläsernen Decken, die jemand aus der Familie Harris durchstoßen wird. Heute ist er dort noch als Professor emeritus bekannt für seine herausragende Karriere. Zudem berät Donald Harris immer wieder die jamaikanische Regierung in Wirtschaftsfragen.

Donald Harris schreibt Jahre später auf einem Blog der jamaikanischen Diaspora, dass er seinen Töchtern immer versucht habe zu vermitteln, dass »der Himmel die Grenze« für ihre Träume sei, dass sie aber auch nie ihre Wurzeln vergessen dürften. Sein enges Verhältnis zu Kamala und Maya sei zu »einem abrupten Ende« gekommen, weil der Bundesstaat Kalifornien im Sorgerechtsstreit fälschlicherweise angenommen habe, dass »Väter nicht die Kindererziehung übernehmen können (besonders im Fall dieses Vaters, ›einem N**** von den Inseln‹)«. Sein 1978 veröffentlichtes Buch »Capital Accumulation and Income Distribution« (Kapitalanhäufung und Einkommensverteilung) widmet er seinen beiden Töchtern.

Für die Mutter wiederum sei die Scheidung eine unerwartete Niederlage gewesen, hält Harris fest. Ihren indischen Eltern die Hochzeit zu erklären, sei schon hart gewesen. Ihnen die Scheidung zu vermitteln, sei wohl noch viel schlimmer gewesen.

Nach der Scheidung der Eltern ziehen Kamala und Maya mit der Mutter innerhalb von Berkeley um. Jahre später, im Präsidentschaftswahlkampf, wird Harris trotzdem immer wieder betonen, dass sie aus Oakland stamme. Hier wird sie in der Innenstadt im Januar 2019 ihre erste Rede als demokratische Präsidentschaftsanwärterin halten, um die Ecke vom Kaiser Permanente Hospital, in dem sie geboren wurde. Doch tatsächlich wuchs Harris in der Nachbarstadt Berkeley auf. Geografisch gesehen mag das kaum einen Unterschied machen, der Übergang zwischen den beiden Nachbarstädten ist fließend. Auch heute bemerkt man selbst als Fußgänger kaum, wo Berkeley endet und Oakland anfängt.

Doch politisch betrachtet sendet es eine grundlegend andere Botschaft, ob jemand aus Berkeley oder Oakland kommt. Berkeley ist seit den 1960er Jahren der Inbegriff des linken Amerika. Die Unistadt steht heute für Studentenproteste, »Ökos« und für eine akademische Elite.

Oakland wiederum ist das Herz der afroamerikanischen Gemeinde an der Westküste. Hier siedelten sich seit den 1940er Jahren Zehntausende Afroamerikaner*innen an, die vor der Rassendiskriminierung in den Südstaaten flohen. Die Kriegsindustrie zog sie wie ein Magnet an, denn insbesondere um den Hafen von Oakland herum lockten Arbeitsplätze im Schiffbau und im Zugverkehr.

Ob man aus Berkeley oder Oakland kommt, ist, als ob man aus Berlin Marzahn oder Zehlendorf stammt. Und ob man das linke Amerika ansprechen will – oder das Schwarze. Bis heute ist Oakland als Herz der afroamerikanischen Gemeinde im Westen bekannt – und mit diesen Federn will sich auch Harris schmücken.

Ehrlich wäre es zu sagen, dass sie eine Tochter beider Städte ist. Durch die Karriere der Mutter taucht sie in das akademische Umfeld ein, für das Berkeley weltberühmt ist. Gleichzeitig erfährt sie am eigenen Leib, was es in den 1970er Jahren selbst in Kalifornien bedeutet, Schwarz zu sein. Denn auch nach der Unterzeichnung der Civil Rights Act 1968 bleiben die Wohnviertel in Berkeley in Weiß und Schwarz geteilt. Auch das Urteil des Supreme Court aus dem Jahr 1954, das eine Integration weißer und Schwarzer Schulen anordnete, wird in Berkeley erst vierzehn Jahre später in die Tat umgesetzt.

Jeden Morgen, nachdem die Mutter die Frühstücksflocken für Kamala zusammengemischt und ihr den Schulranzen aufgesetzt hat, stapft die sechsjährige Harris aus dem zweistöckigen Wohnhaus im Bancroft Way zur Bushaltestelle zwei Straßen weiter. Dort steigt sie mit anderen Nachbarskindern in den großen gelben Schulbus – den mit der grünen Ente als Erkennungsmerkmal. Doch der Bus bringt sie nicht etwa zur nächstgelegenen Schule. Von der Flachebene in South Berkeley fährt er vierzig Minuten quer durch die Stadt, immer die Hügel hinauf nach »Thousand Oaks«, wo die Häuser größer und die Vorgärten hübscher sind. Hier leben teils Professoren der Universität und schicken ihre Kinder zur Schule. Dort hält der Bus schließlich vor der Thousand Oaks Elementary School.

Die Grundschüler sind Teil eines gesellschaftlichen Experiments. Harris' Schuljahrgang ist der zweite in Berkeley, der an dem sogenannten »Busing« teilnimmt: ein Versuch, die jahrhundertelange Trennung weißer und Schwarzer Schüler zu überwinden. Die Schülerschaft der Thousand Oaks Elementary School wird so auf einen Schlag zu 40 Prozent Schwarz.

Später, von der vierten bis zur sechsten Klasse, werden umgekehrt die Kinder aus den Berkeley Hills täglich mit Bussen den Berg herunter nach South und West Berkeley gefahren.

Das damalige Busing ist bis heute in den USA umstritten. Die einen sahen es als staatlich aufgezwungene und erniedrigende Zwangsdurchmischung, die anderen als notwendiges Mittel zur gesellschaftlichen Integration. Harris wiederum wird die Erfahrung Jahrzehnte später nutzen, um im Präsidentschaftswahlkampf auf sich aufmerksam zu machen.

Auch wenn das Busing kontrovers ist, ist die Thousand Oaks School rund fünfzig Jahre später stolz auf ihre berühmte Schülerin. Vor dem Eingang der Schule hängt seit dem Herbst 2020 ein großes Plakat mit der Aufschrift: »Herzlichen Glückwunsch, Thousand Oaks-Alumna, Madam Vizepräsidentin!« Eine Wandmalerei erinnert die Schüler bereits seit 2019 daran, dass Kamala Harris einst hier lernte. In der Ecke des riesigen Schulhofs, auf dem Kirschbäume wachsen, haben Schüler auf eine Mauer Harris' Gesicht gemalt, neben die Köpfe von Anne Frank, Serena Williams und anderen berühmten Frauen aus Politik, Sport und Geschichte. »Persist!«, also »Sei hartnäckig!« lautet der Titel des Kunstwerks. Der Stadtrat von Berkeley hat gar vorgeschlagen, die Schule zu Ehren der Vizepräsidentin in »Kamala Harris Grundschule« umzubenennen. Doch darüber werde erst in einigen Jahren abgestimmt, weil zunächst andere Schulumbenennungen anstünden, erzählt eine Mitarbeiterin vom Schulbezirk Berkeley.

Harris selbst beschreibt vor allem das Verhältnis zu ihrer Lehrerin Frances Wilson als prägend. Die Lehrerin habe »alles gegeben«, um die Schüler ab der ersten Klasse zu unterstützen, erinnert sie sich, und habe auch so ihr Leben geprägt. Frau Wilson, die inzwischen verstorben ist, saß in der ersten Reihe, als Harris zwanzig Jahre später ihren Juraabschluss in San Francisco feierlich überreicht bekam.

Auch Harris' Mutter dürfte wohl froh gewesen sein, dass die Tochter durch das Busing eine besonders gute Schulausbildung erhält. Die drei Frauen wohnen damals im ersten Stock eines zitronengelben Hauses am Bancroft Way, zehn Autominuten vom Universitätscampus entfernt. Heute ist das Viertel ein typisches Mittelstands-Quartier – Einfamilienhäuschen reihen sich aneinander, Unkraut sprießt auf den Bürgersteigen, die Vorgärten sind nicht ganz so penibel gejätet wie in den schickeren Wohnvierteln Berkeleys.

In Harris' früherem Elternhaus sitzt inzwischen eine Montessori-Schule.

Während Harris' Kindheit unterhält dort ein afroamerikanisches Ehepaar eine Kinderbetreuungsstätte, welche die beiden Mädchen besuchen. Denn Gopalan jongliert zu jener Zeit mit den Verpflichtungen als alleinerziehende Mutter und Forscherin: Morgens und abends kümmert sie sich um Kamala und Maya, tagsüber erforscht sie, wie sich Hormone auf verschiedene Arten von Brustkrebs auswirken. Manchmal nimmt Gopalan ihre Töchter mit ins Labor. Dort dürfen die Mädchen zur Beschäftigung Reagenzgläser reinigen.

Zur Entspannung kocht Gopalan abends in der Küche – eine Leidenschaft, die Harris von ihrer Mutter übernimmt. Während ein Duft von Curry die Wohnung erfüllt, dröhnen aus den Lautsprechern die Stimmen von Schwarzen Sänger*innen wie Miles Davis, Nina Simone oder Aretha Franklin. Die Mutter liebt Gospelmusik, für ihre Stimme war sie einst in Indien ausgezeichnet worden. Immer wieder singt sie auch für die Töchter karnatische Lieder, die klassische Musik aus Südindien. Auch Kamala singt in einem Gospelchor der Baptistenkirche, die sie und Maya in Oakland besuchen. Abends beim Kochen tanzt Kamala zu den Klängen aus dem Musikspieler der Mutter – am liebsten zu »Young, Gifted and Black«, (»Jung, begabt und Schwarz«), Aretha Franklins' Cover-Version von Nina Simones Hit. »Das war der Soundtrack meiner Kindheit«, erinnert sich Harris.

Die Mutter vermittelt ihnen von klein auf Selbstbewusstsein. »Sie hat mich und meine Schwester im Glauben aufgezogen, dass wir alles erreichen können, wenn wir nur bereit sind, hart dafür zu arbeiten«, erinnert sich Harris. Gleichzeitig habe sie ihnen aber auch klargemacht, dass es im Leben nicht um sie gehe – sondern um das, was sie für andere tun.

Unterstützung bei der Kindererziehung erfährt Gopalan aus dem engmaschigen Netzwerk afroamerikanischer Freunde in Berkeley. »Fast ab dem Augenblick, an dem meine Mutter aus Indien herzog, wurde sie in die Schwarze Gemeinde aufgenommen und tauchte ganz in sie ein. Es war die Basis ihres neuen amerikanischen Lebens«, erinnert sich Harris in Interviews.

Im Erdgeschoss ihres Wohnhauses am Bancroft Way führt damals das afroamerikanische Ehepaar Shelton die Kindertagesstätte, die Kamala und Maya am Nachmittag besuchen, während die Mutter noch im Labor steht. »Mrs Shelton war eine zweite Mutter für Maya und mich«, schreibt Harris. Shelton, ursprünglich aus dem Bundesstaat Louisiana, habe sie und ihre Schwester »mit ihrer Großzügigkeit und Gastfreundlichkeit überschüttet«. Sie sei einer der klügsten Menschen gewesen, denen Harris jemals begegnet sei, und habe fest die Überzeugung vertreten, dass man im Leben anderen in Not helfen muss.

An den Wänden der Tagesstätte hängen Poster von Afroamerikaner*innen wie Harriet Tubman, die im 19. Jahrhundert Dutzenden Sklaven zur Flucht aus den Südstaaten in die Freiheit verholfen hatte. Lebensgeschichten wie diese bekommen die Kinder bei den Sheltons vermittelt.

Als Harris Jahrzehnte später in Washington, D.C. zur Vizepräsidentin vereidigt wird, ruht ihre Hand auf zwei Bibeln: die eine von Regina Shelton, die andere von Thurgood Marshall, dem ersten Schwarzen Richter am Supreme Court. Auch ihre Amtseide als Kaliforniens Justizministerin und Senatorin legt Harris auf der Familienbibel der Sheltons ab. »Im Amt und in jeden Kampf trage ich Mrs Shelton«, sagte Harris einmal, »ohne diese Frau wäre ich nicht, wer ich bin.«

Auch andere Freunde der Mutter spielen eine prägende Rolle in der Kindheit der Töchter. Ein Mentor der Mutter an der Universität Berkeley bringt Harris von einer Reise nach Japan eine Perlenkette mit – bis heute eines ihrer liebsten Accessoires.

Doch Gopalan macht wiederholt Erfahrungen mit Rassismus. Wegen ihres indischen Akzents wird sie behandelt, als sei sie schwer von Begriff, erinnert sich Harris. Verkäuferinnen seien ihrer Mutter im Kaufhaus misstrauisch gefolgt, weil sie sich nicht vorstellen konnten, dass sie sich als dunkelhäutige Frau die Bluse oder ein teures Kleid leisten kann. Auch Gopalan erinnerte sich daran, wie Kamala in der Schule auf ihren Intelligenzquotienten getestet wurde. Ein Beamter der Stadt Berkeley habe ihr daraufhin hocherfreut mitgeteilt, dass ihre Tochter hochintelligent sei. »Sie verstehen nicht – Kamala könnte aufs College gehen!« In das Weltbild des Beamten passte offenbar nicht, dass das Schwarze Mädchen vor ihm nicht aus ärmlichen Verhältnissen in Berkeley stammte, sondern die Tochter akademischer Ausnahmetalente aus Indien und Jamaika war.

Shyamala Gopalan wusste auch, dass die amerikanische Gesellschaft ihre indisch-jamaikanischen Töchter als Schwarze sehen würde. Entsprechend zog sie die beiden auf – mit dem Ziel, sie »zu selbstbewussten, stolzen Schwarzen Frauen zu erziehen«. Entsprechende Vorbilder haben die Kinder in Berkeley zur Genüge. Jeden Donnerstagabend nimmt Gopalan ihre beiden Töchter mit zum »Rainbow Sign«, einem der wichtigsten afroamerikanischen Zentren Amerikas – »ein Mix aus Hauptquartier Schwarzer Nationalisten und Gemeindehaus«, schreibt der Verein »The Berkeley Revolution«. Das »Rainbow Sign« liegt nur fünf Autominuten von Gopalans Wohnung entfernt. Tagsüber gibt es hier Kochkurse, Tanzunterricht, Theater-Workshops, abends dann Aufführungen und Diskussionsrunden von Schwarzen Tänzer*innen, Künstler*innen und Politiker*innen aus dem ganzen Land. Das Kulturzentrum liegt an der Ecke Grove Street / Derby Street in Berkeley; genau hier verläuft damals eine unsichtbare Linie, welche die Viertel der Stadt in Schwarz und Weiß teilt. »Redlining« nennt man diese Trennung verschiedener Ethnizitäten – »die Weißen in den Hügeln, die Schwarzen im Flachland«, lautet die Anordnung kurz gefasst. Das »Redlining« war damals überall in den USA verbreitet und trug enorm dazu bei, Nicht-Weiße zu diskriminieren.

Das »Rainbow Sign« hält sich nur sechs Jahre über Wasser, dann muss das Kulturzentrum seine Räume schließen. Heute ist in dem Eckgebäude eine psychiatrische Klinik der Stadt untergebracht, und die Hauptstraße davor wurde in »Martin Luther King Jr. Way« umbenannt. Doch Anfang der 1970er Jahre boomt das Kulturzentrum: Die afroamerikanische Sängerin Nina Simone tritt im »Rainbow Sign« auf; die Kongressabgeordnete Shirley Chisholm besucht das Zentrum, als sie eine Präsidentschaftskandidatur erwägt; die Pulitzer-Preisträgerin Alice Walker gibt dort eine Lesung. Kamala und Maya finden im »Rainbow Sign« ihre zweite Familie. »Hier lernte ich, dass künstlerischer Ausdruck, Ehrgeiz und Intelligenz cool waren«, schreibt Harris rückblickend über diese Zeit. Auch am Küchentisch der Familie diskutieren die Mutter und ihre Freunde abends über Politik und Gerechtigkeit. »Als Kind konntest du deinen Standpunkt kundtun, aber es wurde von dir auch erwartet, dass du ihn verteidigen kannst«, erzählt Harris immer wieder. Viele Freunde der Mutter sind Juristen. Die eigene Sichtweise zu verteidigen ist eine Fähigkeit, die sie in jenen Jahren lernt – und die sie später in Gerichtssälen und bei Senatsanhörungen unter Beweis stellen wird.

Harris' Interessen sind breit: Sie nimmt Klavierunterricht von einer afroamerikanischen Nachbarin, tanzt Ballett, lernt von Nachbarn das strategische Denken beim Schachspielen. Sie besucht sowohl einen Hindu-Tempel als auch eine Schwarze Baptistenkirche, zu der die Sheltons sie mitnehmen. Die USA sind das Zuhause der Familie, doch Kamala und Maya reisen immer wieder nach Indien, Jamaika und auch Europa – der Bruder der Mutter, Gopalan Balachandran, studierte für einige Jahre in Cambridge. »Ich weiß noch genau, wie Kamala quer durch die königlichen botanischen Gärten in London rannte und alles anfassen wollte«, erinnert sich der Bruder Gopalan Balachandran lachend.

»Meine Mutter, meine Großeltern, Tanten und Onkel vermittelten uns ein Gefühl des Stolzes auf unsere südasiatischen Wurzeln. Wir wuchsen mit einem großen Bewusstsein für indische Kultur auf.«

Ihr Großvater mütterlicherseits engagiert sich in der indischen Unabhängigkeitsbewegung, bei Harris' Besuchen diskutiert er mit ihr über Politik und bringt ihr das Pokerspielen bei. Von Harris' Kindheit an schreiben der Großvater und sie sich regelmäßig Briefe, bis zu seinem Tod 1998. Zwei Wochen zuvor hatte sie ihn noch ein letztes Mal in Indien besucht. »Mein geliebter Opa war und ist einer der wichtigsten Einflüsse in meinem Leben«, sagte Harris nach seinem Tod.

Auch in Jamaika ist die Verwandtschaft politisch engagiert. »Ich erinnere mich, wie ich auf der Veranda meiner Großmutter saß und stundenlang auf Zuckerrohrstangen kaute. Mein Vater und meine Onkel erzählten uns währenddessen von den komplizierten Problemen der Menschen auf Jamaika – der Sklaverei, dem Kolonialismus, der Zuwanderung.«

Doch die bunte Kindheit in Berkeley endet plötzlich, als Shyamala Gopalan ein Jobangebot aus dem Ausland bekommt. Denn obwohl sie sich ein Netzwerk und einen Freundeskreis aufgebaut hat, ist sie beruflich in Berkeley an die Grenzen der Karriereleiter gelangt. Mitte der 1970er Jahre steht eine Professorenstelle an der Universität offen, eigentlich wurde Gopalan die Stelle bereits versprochen. Doch ihr Vorgesetzter bricht sein Wort und besetzt die Position mit einem männlichen Kollegen. Gopalan sei darüber sehr wütend gewesen und habe die Universität verklagt, erinnert sich die frühere Kollegin Mina Bissell im Gespräch. Bissell arbeitete zur gleichen Zeit als Wissenschaftlerin an der Universität Berkeley; sie hatte Gopalan kennengelernt, weil ihre Tochter und Kamala Harris die gleiche Ballettklasse besuchten und sich angefreundet hatten.

Als kurz darauf die renommierte McGill Universität in Kanada ihr eine Stelle anbietet, folgt Gopalan dem Ruf. Mit ihren Töchtern zieht sie ans andere Ende des Kontinents, in die französischsprachige Provinz Québec. Hier wird Harris von ihrem zwölften bis achtzehnten Lebensjahr wohnen. Sie spricht selten über diese Zeit – sie habe ihre Freunde in der Bay Area vermisst, die kalifornische Sonne, überhaupt: ihr Geburtsland. Und Harris mag die französische Sprache nicht. »Ich machte Witze, dass ich mich wie ein Entchen fühlte, weil ich an der neuen Schule den ganzen Tag lang nur ›Quoi? Quoi? Quoi?‹ sagte.« Für sie sei klar gewesen, dass sie so schnell wie möglich in die USA zurückkehren wollte.

Einige Jahre später wird Gopalan in die Bay Area zurückkehren – ihre frühere Kollegin Mina Bissell leitet inzwischen am renommierten Lawrence Berkeley National Laboratory die Biowissenschaften und holt Gopalan dort in die Biologieabteilung. Dabei gefiel es der Mutter in Kanada eigentlich gut. »Ich glaube nicht, dass Kamala das wirklich weiß: Aber es war recht schwierig, ihre Mutter aus Kanada wieder wegzubringen«, erzählt Bissell. »Shyamala war eine leidenschaftliche Wissenschaftlerin. Sie war immer sehr aufrichtig. Aber sie war auch ein wenig eine Einzelgängerin.« Ihre Kinder habe Shyamala Gopalan immer zu allem ermutigt, erinnert sich Bissell am Telefon.

Kamala Harris wiederum überlegt sich in jenen Jahren in Kanada genau, was sie einmal werden möchte, wo sie studieren will, was ihre Lebenspläne sind. »Ich wollte immer

Karriere machen, das war mir klar.« Eine Erfahrung in ihrem Freundeskreis prägt ihre Berufswahl ganz besonders: In der Oberstufe der High-School vertraut ihr eine Freundin an, dass der Stiefvater sie sexuell missbraucht. Die junge Harris reagiert sofort und überzeugt ihre Mutter, dass die Freundin bei ihnen einziehen kann. »Das war einer der Gründe, warum ich Staatsanwältin werden wollte: um Leute wie sie zu verteidigen«, erzählt Harris später bei öffentlichen Auftritten.

Doch erst muss Harris ein Bachelorstudium absolvieren. Als sie überlegt, an welche Universität sie dafür gehen will, denkt sie an ihre Vorbilder, die überwiegend Afroamerikaner sind. Gleichzeitig hat sie bisher nur Schulen mit mehrheitlich weißen Schüler*innen besucht. Sie trifft eine für ihr weiteres Leben wegweisende Entscheidung: Sie wird an der privaten Howard University in Washington, D. C. studieren – eine der renommiertesten und geschichtsträchtigsten afroamerikanischen Universitäten des Landes.

## 2

# Identitätsfragen

Böse Zungen sagen Kamala Harris bis heute nach, sie sei nicht Schwarz – sie sei schließlich indischstämmig. Sie bezeichnen sich nur deswegen so, weil sie aus ihrer nicht-weißen Hautfarbe politisches Kapital schlagen wolle: Schließlich machen Schwarze landesweit in den USA 14 Prozent der Bevölkerung aus und spielen besonders in politischen Schlüsselstaaten wie South Carolina und Georgia eine wichtige Rolle.

Harris mag politisch kalkulierend sein, doch ihr Vater ist Jamaikaner und Schwarz. Die Bevölkerung der Karibikinsel besteht bis heute größtenteils aus Nachkommen früherer Sklaven. Britische Kolonialisten hatten Afroamerikaner jahrelang auf die Karibikinsel verschleppt, um dort die Zuckerrohrplantagen zu bestellen. Manche Jamaika-stämmige Amerikaner identifizieren sich heute als Afroamerikaner, andere sehen sich allgemeiner als Schwarze. Der amerikanische Census, die alle zehn Jahre stattfindende Volkszählung, stuft Jamaika-stämmige Bürger in die Kategorie der »Afroamerikaner/Schwarze« ein. Harris selbst bezeichnet sich auf ihren offiziellen Amtswebseiten als Afroamerikanerin – und auch als Indischstämmige.

Die USA sind ein »melting pot«, ein Schmelztiegel von Zuwanderern aus aller Herren Länder. Dort ist es enorm wichtig, wie sich jemand selbst bezeichnet. Bei jedem Arztbesuch, bei jeder Straßenumfrage müssen die Bürger angeben, ob sic »Whitc«, »African Amcrican / Black«, »Latino«, »Asian American«, »Native American« oder »Other« sind. »How do you identify?« – »Als was identifizierst du dich?«, ist eine gängige Frage, vor allem im Gespräch mit Leuten, deren Eltern – wie bei Harris – aus unterschiedlichen Ländern zugewandert sind. Erst seit dem Jahr 2000 können die Bürger bei den Census-Befragungen mehr als eine Zugehörigkeit auswählen.

Den rassistischen Vorwurf, sie sei nicht »Schwarz genug«, muss sich Harris in ihrem Leben immer wieder anhören. Die Unterstellungen erinnern an jene, mit denen der frühere Präsident Barack Obama zu kämpfen hatte – allen voran die unwahre Behauptung, er sei nicht in den USA, sondern in Kenia geboren, und somit ein illegitimer Präsident. Es sind Kämpfe, die weiße Politiker nicht führen müssen.

Auch in ihren Memoiren beschreibt Harris, wie die einen sie als Teenager mobbten, weil sie Inderin sei; die anderen, weil sie Schwarz sei; und wieder andere, weil sie beides sei. Dabei habe ihre Mutter sie und ihre Schwester von klein auf als »selbstbewusste, stolze Schwarze Mädchen« aufgezogen.

Kaum eine Entscheidung spiegelt dieses Selbstverständnis so sehr wie die, die Howard University zu besuchen. Sie öffnete 1867 ihre Pforten, also zwei Jahre nach dem Bürgerkrieg, und bot vor allem befreiten Sklaven ein intellektuelles Zuhause in einer Zeit, in der die meisten anderen Universitäten Afroamerikaner nach wie vor ablehnten. Benannt wurde die Universität nach einem ihrer Gründer, dem weißen Generalmajor Oliver O. Howard. Er hatte nach dem Bürgerkrieg befreiten Sklaven das Lesen, Schreiben und handwerkliche Berufe beigebracht und sie vor den Anfeindungen Weißer beschützt.

Die Universität Howard steht zwar grundsätzlich allen Ethnien offen, doch auch heute noch sind 85 Prozent der Studierenden Schwarz; an vergleichbaren anderen Hochschulen sind es rund zehn Prozent. Mit rund 10 000 Einschreibungen ist Howard für amerikanische Verhältnisse eine mittelgroße private Universität. Ihr selbsterklärtes Ziel ist es nach wie vor, »Ungleichheiten mit Blick auf ethnische, soziale, wirtschaftliche oder politische Umstände auszulöschen«.

Als Kamala Harris 1982 als Erstsemesterstudentin dort beginnt, hat sich im Vergleich zu den Gründungsjahren der Universität vieles geändert. Mehr als 70 Prozent der Bewohner der Hauptstadt Washington sind Schwarz, Howard ist inzwischen »eine Anlaufstelle für Würdenträger und ein sozialer Treffpunkt für Washingtons Schwarze Politikelite«, schreibt die »New York Times«. Auch ihre Mutter ermuntert Harris dazu, dort zu studieren; sie selbst unterrichtete an Howard bereits als Gastdozentin und ist mit Mitarbeitern befreundet.

Als Harris – achtzehn Jahre alt und frisch aus Kanada zurück – das erste Mal den Fuß auf den Campus setzt, kann sie ihr Glück kaum fassen. »Das ist das Paradies!«, schießt es ihr durch den Kopf, als sie die Tausenden Schwarzen Kommilitonen sieht. Endlich einmal gehört sie als Schwarze nicht der Minderheit an, muss nicht ihre Herkunft erklären. Wie Harris sind auch viele andere hier »mixed race«, wie es heißt – Kinder von Eltern unterschiedlicher Ethnien.

Die Hochschule schärft Harris' Selbstverständnis und verschafft ihr ein lebenslanges Netzwerk. »Der Campus war ein Ort, an dem wir uns nicht von anderen in irgendwelche Schubladen stecken lassen mussten.« Ein Blick auf den Campus habe ihr gezeigt, dass Schwarzen alle Türen offenstehen, egal, ob sie Jurist*innen, Mediziner*innen oder Wissenschaftler*innen werden wollen. »Die Homecoming Queen, der Studentenvorsteher und der Chefredakteur der Campuszeitung, alle waren Schwarz«, erinnert sich Harris.

Sie selbst studiert in Howard Politikwissenschaften und Volkswirtschaft. Vom ersten Tag an taucht sie ganz in das Studentenleben ein: Nach einem überraschend harten Wahlkampf wird sie Jahrgangssprecherin und sitzt zudem dem studentischen Wirtschaftsklub der Uni vor. Nebenher arbeitet sie im Nationalarchiv der Stadt und führt Besucher durch die Druckbehörde der amerikanischen Notenbank, das U.S. Bureau of Engraving and Printing. Wie einst ihre Eltern, protestiert auch Harris immer wieder an den Wochenenden, etwa gegen das Apartheid-Regime in Südafrika.

Die Diskussionsfreude, die sie am Abendessenstisch in Berkeley entwickelt hat, lebt sie bald im Debattenteam der Uni aus. Diese Teams sind typisch für amerikanische Hochschulen: Die Studenten müssen sich um die Aufnahme dort bewerben und können dann an Diskussionswettbewerben teilnehmen. Dafür müssen sie sich in ein Sachthema einarbeiten, kurz vor Beginn des Wettbewerbs erfahren sie dann, ob sie für oder gegen die Sache argumentieren sollen, eine Jury bewertet ihren Auftritt. Vor allem für angehende Politiker und Anwälte sind solche Debattenteams eine beliebte Testumgebung.

In Howard ist Lita Rosario damals die einzige Frau, die es bis dato in das Team geschafft hat. Im Pausenraum der Uni lernt sie Kamala Harris kennen – und ihr fällt direkt auf, dass diese eine begabte Diskutantin ist. »Howard war damals enorm politisch«, erzählt Rosario rückblickend am Telefon. »Präsident Reagan war an der Macht und wir hatten viele Schwarze Republikaner auf dem Campus.« Hitzig hätten die Studierenden über die Apartheid in Südafrika diskutiert und darüber, ob der Geburtstag von Martin Luther King jr. ein Feiertag werden sollte. Harris sei sehr belesen und schnell im Kopf gewesen, auch habe sie sich nicht von den Männern einschüchtern lassen.

Auf Rat der drei Jahre älteren Rosario hin bewirbt sich Harris um die Aufnahme in das Team und schafft es tatsächlich. »Ich weiß noch genau, wie sehr sie sich gefreut hat, als sie gleich den ersten Wettbewerb gewann«, erinnert sich Rosario. Die beiden Frauen haben neben ihrer Diskussionsfreudigkeit auch anderes gemein: Beide sind Töchter alleinerziehender Mütter, erlebten als Grundschüler das Busing am eigenen Leib – und interessieren sich für Mode und Ausgehen.

»Die Erfahrung im Debattenteam gab Kamala viel Selbstbewusstsein, sowohl als Frau als auch als Schwarze«, sagt Rosario rückblickend über ihre Freundin, »auch, weil wir unter anderem gegen weiße Männer von Elite-Universitäten antraten. Als ich sie Jahre später auf der Bühne gegen Joe Biden und später gegen Mike Pence sah, erkannte ich einige Strategien aus unserem Debattenteam wieder. Da dachte ich mir: ›Wow, jetzt schließt sich der Kreis.‹« Eine Technik etwa, die sie damals im Team gelernt hätten, sei

gewesen, kurz vor einer Schlüsselaussage eine Pause einzu-
legen, einen sogenannten Show-Stopper – »genau so, wie
Harris es tat, bevor sie zu Biden sagte: ›Das kleine Mädchen
war ich.‹« Oder wie sich Harris in der Debatte mit Mike
Pence immer wieder an die Fernsehzuschauer zu Hause ge-
richtet habe. »Auch bei unseren Wettbewerben ging es letzten Endes darum, nicht den Gegner, sondern die Jury zu
beeindrucken.«

Neben dem Debattenteam tritt Harris in Howard einer
anderen Vereinigung bei, die sich enorm auf ihr späteres
Leben auswirken würde: der Studentinnenverbindung Alpha Kappa Alpha. Bis heute ist AKA, wie der Spitzname lautet, eine der einflussreichsten »Sororities« überhaupt. Welt-
weit gehören ihr mehr als 300 000 Afroamerikanerinnen an.
Gegründet wurde diese erste Verbindung Schwarzer Stu-
dentinnen im Jahr 1908 genau hier, an der Howard University in Washington. Die Idee war, ein Hilfsnetzwerk
für Schwarze Frauen zu schaffen, weil die Hochschule damals noch von Männern dominiert wurde und auch die Gesellschaft als Ganzes ethnisch tief gespalten war. Bei AKA
geht es weniger darum, exzessive Partys zu feiern, Rituale
abzuhalten oder für politische Positionen zu kämpfen. Die
Frauen wollen sich stattdessen unterstützen, beruflich wie
persönlich, ein Leben lang.

Harris' damalige Kommilitonin und AKA-Schwester Jill
Lewis erinnert sich an einen Abend, als Dutzende Mitglieder der Schwesternschaft zusammengekommen waren.
Die einen machten Hausaufgaben, die anderen Abendessen. Einige Frauen begannen von ihren Rassismuserfahrun-
gen zu erzählen. Auch Harris berichtete, wie es für sie war,

als Kind gehänselt zu werden, wie sie gelernt habe, das alles zu ignorieren und ihren eigenen Weg zu gehen – egal, was andere sagten.

Viele führende Köpfe der Bürgerrechtsbewegung in den USA gehörten damals Verbindungen an, etwa Martin Luther King jr. und der spätere Kongressabgeordnete John Lewis. Bis heute ist das Ziel von Alpha Kappa Alpha, die Repräsentation Schwarzer Frauen in allen Gesellschaftskreisen zu stärken. Auch für Harris sollten die Kontakte aus dem AKA-Netzwerk enorm wertvoll werden. Denn wer sich in den USA für ein politisches Amt bewirbt, der braucht Geld. Das Spendensammeln ist zentral für jeden Wahlkampf – wenn der Geldfluss versiegt, endet die Kandidatur schnell. Besonders die Rennen um die Kongresssitze werden immer teurer: Seit der Jahrtausendwende hat in 80 beziehungsweise 90 Prozent aller Wahlkämpfe für den Senat und das Repräsentantenhaus derjenige Kandidat gewonnen, der am meisten Geld ausgegeben hatte. Im Laufe ihrer Politkarriere wird Harris häufig auf das Netzwerk der erfolgreichen AKA-Schwestern zurückgreifen und sie um finanzielle Unterstützung bitten.

Bis heute trägt Harris bei öffentlichen Auftritten immer wieder Pink und Grün, die Farben ihrer Verbindung. Auch bei einem Foto-Shooting für die *Vogue* wenige Tage vor ihrem Amtsantritt als Vizepräsidentin war der Hintergrund in diesen Farben gehalten – ein gewolltes Zeichen an ihre Schwestern, dass sie nach wie vor eine von ihnen ist.

Doch nicht nur der Schwesternschaft, sondern der ganzen Howard University gegenüber bleibt Harris bis heute gegenüber loyal. Immer wieder redet sie bei öffentlichen Auftritten von ihrer »Howard-Familie«. Es ist »ein Ort, der mich geformt hat«, sagt sie in Interviews. 2017 verleiht ihr die Alma Mater einen Ehrendoktortitel. Im gleichen Jahr hält sie die Abschlussrede für den ältesten Jahrgang der Universität: »Ich habe drei Ratschläge für euch«, sagt sie zu den Absolventen. »Lehnt falsche Entscheidungen ab. Sagt die Wahrheit. Und glaubt nicht, dass ihr einen großen Titel braucht, um große Dinge zu bewegen.«

Der Campus ist auch ihre erste Station in ihrem Präsidentschaftswahlkampf 2019. Und als sie am 20. Januar 2021 vom Capitol zum Eisenhower Office Building läuft, ihrem neuen Arbeitsort als frisch vereidigte Vizepräsidentin, begleitet die Marching Band von Howard sie auf dem Weg.

Die Jahre dort stärken Harris in einer Überzeugung, die ihre Mutter ihr vermittelt hat: »Du kannst im Leben alles erreichen, wenn du nur hart genug dafür arbeitest.« Schon im zweiten Studienjahr, so erinnern sich ihre Kommilitoninnen, sei Harris ein Ruf als hervorragende Studentin vorausgeeilt – und als jemand, der stets professionell auftrat; mit gebügelten Stoffhosen, schicken Schuhen und einem für die damalige Zeit modernen Kurzhaarschnitt.

In den Sommerferien nach dem zweiten Studienjahr ergattert Harris ein Praktikum im Washingtoner Büro des kalifornischen Senators Alan Cranston. Es ist das erste Mal, dass sie Zeit auf dem Hügel des Kapitols verbringt. Gut dreißig Jahre später wird sie den Senatssitz von dessen Nachfolgerin Barbara Boxer übernehmen.

Während des Bachelorstudiums in Washington, D.C.

reift in Harris auch der Plan für die eigene weitere Karriere. Wann genau sie beschlossen habe, Juristin zu werden, wisse sie gar nicht mehr. »Einige meiner großen Helden waren Juristen: Thurgood Marshall, Charles Hamilton Houston, Constance Baker Motley – Riesen der Bürgerrechtsbewegung.« Sie habe realisiert, dass die Menschen in ihrem Umfeld Anwälten vertrauten und auf sie zählten.

Die Frage ist nur, wo sie Jura studieren will. In den USA ist es üblich, dass Studenten nach dem Grundstudium, also dem Bachelor-Abschluss, die Hochschule wechseln und ihr Aufbaustudium – sprich einen Master, ein Medizin- oder Jurastudium – an einer anderen Hochschule fortsetzen. Die Wahl dieser Graduate School, also der weiterführenden Hochschule, spielt für die Karriere eine wichtige Rolle; auch, weil man über diese ein Netzwerk zu potenziellen Arbeitgebern aufbaut.

Harris bewirbt sich für ihr Jurastudium letztendlich an jener Universität, die eines ihrer großen Vorbilder besuchte – Thurgood Marshall, der erste Schwarze Richter am Supreme Court. Tatsächlich nimmt das UC Hastings College of the Law in San Francisco sie an. Das bedeutet, dass Harris in ihre Heimat an der Westküste zurückkehrt. Ihre Mutter ist stolz darauf, dass Kamala und später ebenso die Schwester Maya Jura studieren. Mehrere ihrer Kolleg*innen im Forschungslabor erinnern sich, dass Gopalan auf ihrer hinteren Stoßstange einen Sticker kleben hatte mit der Aufschrift: »Halte Abstand – meine Töchter sind Juristinnen.«

Doch in einer Hinsicht wird Kamala Harris bald mit ihrer Familie brechen: Anders als ihre Verwandten und die

Freunde der Mutter wird Harris ihren Juraabschluss nicht nutzen, um Anwältin zu werden oder Strafverteidigerin oder um als Juristin Bürgerrechtsorganisationen zu unterstützen – so, wie ihre Schwester Maya später die mächtige afroamerikanische Organisation ACLU berät. Sie wird auch nicht Firmenanwältin wie viele ihrer Kommilitonen aus Howard und ihre Freundin Lita Rosario, die heute Anwältin für Unterhaltungsrecht in Los Angeles ist. Kamala habe sich gegen das große Geld entschieden, sagt Rosario lachend.

Harris wählt ihren ganz eigenen Weg: Sie will Staatsanwältin werden. Es ist eine Entscheidung, für die sie bis heute immer wieder heftige Kritik erntet. Staatsanwälte sind, wie der Name sagt, Staatsbedienstete, sie sind die Vorgesetzten von Polizisten; Harris nennt sich später selbst den »Top Cop«. In den Augen vieler Afroamerikaner sind sie damit auch Teil des Problems. Denn Staatsanwälte gehören genau wie Polizisten zum Strafrechtssystem in den USA, und jenes bestraft oft diejenigen am härtesten, die sich nicht wehren können. Es ist ein System, in dem Schwarze häufiger willkürlich auf der Straße angehalten und durchsucht werden, Schwarze Straftäter bis heute fast zwanzig Prozent längere Haftstrafen bekommen als weiße Täter und nach den gleichen Straftaten höhere Kautionen zahlen müssen als Weiße, um auf freien Fuß zu kommen. Zudem werden Schwarze Gesetzesbrecher mit einer größeren Wahrscheinlichkeit zur Todesstrafe verurteilt als weiße.

Bis heute werfen manche Afroamerikaner Harris vor, dass sie mit ihrer Berufswahl Verrat begangen habe. Staatsanwaltschaft und Schwarzsein, das passt für sie nicht zusammen. »Als sie mir von ihrem Vorhaben erzählt hat, war ich erst mal schockiert und habe sie gefragt, ob sie sich wirklich sicher ist«, erinnert sich auch ihre Freundin Rosario. Das System diskriminiere Afroamerikaner nun einmal enorm. Rosario selbst habe als Kind mitansehen müssen, wie ihre Mutter von einem Polizisten in Boston verprügelt wurde – nur weil sie diesen gefragt hatte, warum sie einen Strafzettel bekommen habe und die Autos daneben nicht.

»In der Geschichte der Vereinigten Staaten wurde die Macht der Staatsanwaltschaft oft als Instrument des Unrechts missbraucht«, gibt Harris zu. Aber »ich träumte davon, selbst Staatsanwältin zu werden, an vorderster Front für die Reform des Strafrechts einzutreten und die Schwachen zu schützen.« Schwarze Staatsanwältinnen gibt es bis heute in den USA so gut wie nicht. Selbst im Jahr 2014 waren noch 95 Prozent der Staatsanwälte auf der Lokal- und Bundesstaaten-Ebene weiß, und der große Teil davon weiße Männer. Ihre Mutter, ihre Freunde und Verwandten versuchen Harris umzustimmen. Am Abendessenstisch muss sie ihre Pläne rechtfertigen, »so vehement wie andere eine Doktorarbeit«, erinnert sie sich. Harris sieht das Amt des Staatsanwaltes als Schlüssel, das System von innen heraus zu verändern. »So wusste ich von mutigen Staatsanwälten aus dem Süden, die es mit dem Ku-Klux-Klan aufgenommen hatten. Ich wusste von Staatsanwälten, die korrupte Politiker und Unternehmer verfolgten. Oder von solchen, die korrupten Politikern und Umweltsünder-Konzernen nachstiegen.« Staatsanwälte zählen für sie zu den mächtigsten Akteuren im Justizsystem. Ihr ist klar, wie wichtig es ist, selbst an dem Tisch zu sitzen, an dem die Entscheidungen getroffen werden. »Wenn Aktivisten mit einem Protestmarsch demonstrierten und an das Tor hämmerten, dann wollte ich drinnen sein und sie hereinlassen.« Die Mutter unterstützt schließlich ihre Berufswahl und ermutigt sie, ihren Weg zu gehen. »Sie sagte immer: ›Lass dir von niemandem sagen, wer du bist. Du sagst DENEN, wer du bist.‹«

Im letzten Sommer vor dem Ende ihres Jurastudiums macht Harris ein Praktikum im Büro des Bezirksstaatsanwalts von Alameda County, Kalifornien. In dem Bezirk liegt auch ihre Geburtsstadt Oakland – damals eine der gefährlichsten Großstädte der USA. Prompt bekommt sie eine Stelle als Assistentin des Staatsanwalts angeboten – vorausgesetzt, sie schließt ihr Studium im folgenden Jahr ab und besteht danach das Staatsexamen, das sogenannte »Bar Exam«.

Freudig nimmt Harris das Angebot an. Zunächst verläuft alles nach Plan: Im Frühjahr 1989 beendet sie ihr Jurastudium, im Sommer macht sie das Staatsexamen, und während sie auf die Ergebnisse wartet, beginnt sie ihre Arbeit im Büro des Staatsanwalts.

Wenige Monate später stehen die Resultate fest: Harris ist durch das Staatsexamen gefallen. Es ist die bis dato größte Niederlage ihres Lebens. »Ich fühlte mich beschämt und elend«, schreibt sie. Ihre Mutter habe ihr eigentlich eingetrichtert, nichts nur halb zu machen, sie habe sich das bisher immer zu Herzen genommen. Aber »bei der Vorbereitung auf die Prüfung hatte ich doch nur halbe Sachen gemacht – etwas so Unausgegorenes hatte ich bislang noch nie abgeliefert«. Noch heute scheint sie sich dafür zu schämen.

Harris hat jedoch Glück, der Staatsanwalt von Oakland gibt ihr eine zweite Chance. Sie arbeitet vorübergehend in der Verwaltung, abends lernt sie, und drei Monate später macht sie ein zweites Mal die Prüfung – und besteht.

Damit kann Harris mit fünfundzwanzig Jahren ihre Arbeit als Assistentin der Staatsanwaltschaft in Oakland beginnen. Sie hilft zunächst bei Ordnungswidrigkeiten, dann bei Verbrechensdelikten. Unter anderem arbeitet sie für eine Einheit, die Sexualverbrecher strafrechtlich verfolgt, darunter solche, die Kinder missbraucht haben. »Es war eine herausfordernde, stressige und sehr wichtige Arbeit«, findet Harris rückblickend. Oft seien die Täter einmal selbst Opfer gewesen. In jenen Tagen habe sie gelernt, wie wichtig, aber auch enorm schwierig es sei, Opfer von Sexualverbrechen dazu zu bewegen, vor Gericht auszusagen. Auf diese Erfahrungen wird sie Jahrzehnte später zurückgreifen, als sie als Senatorin den nominierten Supreme-Court-Richter Brett Kavanaugh befragt – ihm wird vorgeworfen, während seines Studiums eine Kommilitonin sexuell belästigt zu haben.

Am gleichen Tag wie Harris beginnt auch Terry Wiley seine Arbeit, die beiden teilen sich ein Büro. Auch Wiley hat sich als Afroamerikaner für eine Laufbahn in der Strafverfolgung entschieden. »Im Rechtssystem haben die Staatsanwälte die wirkliche Macht und den meisten Einfluss – das reizte mich an dem Job, und Kamala sicher auch«, sagt er in einem Interview. Als Staatsanwalt könne man darüber entscheiden, ob jemand in Freiheit bleibt, angeklagt wird oder das Verfahren eingestellt wird. Schon bald stellt Wiley mit Verblüffen fest, wie gut Harris darin ist, die Geschworenen vor Gericht zu überzeugen. »Die fraßen ihr aus der Hand. Man sah sofort, dass Kamala es weit bringen würde. Sehr weit.«

Doch Harris erlebt in jener Zeit auch, wie stark Strafverfolger von Vorurteilen beeinflusst werden. Einmal habe sie in ihrem Büro sitzend überhört, wie sich mehrere Kollegen auf dem Flur über einen laufenden Fall unterhielten: Ein junger Schwarzer Mann war gerade festgenommen worden, die stellvertretenden Staatsanwälte diskutierten nun, ob sie eine Gang-Zugehörigkeit in ihrer Anklage geltend machen könnten. Solche sogenannten »Gang Enhancements« erhöhen das Mindeststrafmaß massiv. »Können wir denn beweisen, dass er einer Gang angehörte?«, fragte der eine. »Komm, du hast doch gesehen, welche Klamotten er anhat und in welcher Ecke sie ihn aufgegriffen haben. Der Typ hatte eine Kassette von diesem Rapper dabei, wie heißt der gleich?« In diesem Moment trat Harris auf den Flur und mischte sich ein: »Hey Leute, nur dass ihr's wisst: Ich habe Familie in dem Viertel. Ich habe Freunde, die sich genauso anziehen. Und ich habe selbst eine Kassette von dem Rapper im Auto.«

Harris erarbeitet sich einen Ruf als gewissenhafte, fleißige und begabte Staatsanwältin. Davon erfährt man auch auf der anderen Seite der Bay. Nach acht Jahren im Büro des Bezirksstaatsanwalts in Oakland erhält sie ein Jobangebot aus San Francisco: Am Bezirksgericht der Stadt soll sie die Career Criminal Division leiten, die sich auf gewalttätige Verbrecher und Serientäter spezialisiert hat. Obwohl dies einer Beförderung gleichkam, sei sie zunächst skeptisch gewesen, sagt Harris rückblickend. Denn die Staatsanwaltschaft San Francisco unter dem Bezirkstaatsanwalt Terrance Hallman hat damals einen schlechten Ruf. Dutzende Mordfälle sind nicht aufgeklärt, auch das Verhältnis zu den Polizisten ist schlecht, weil die Beamten den Staatsanwälten vorwerfen, keine Verurteilungen zustande zu bekommen. Es gibt zu wenige Computer und kein Archivsystem für abgeschlossene Fälle.

Trotzdem nimmt Harris die Stelle an. Sie klagt mutmaßliche Mörder an, Einbrecher, auch viele Täter, die gegen das sogenannte »Three Strike Law« verstoßen haben. Mit diesem umstrittenen Gesetz versuchte Kalifornien seit den 1990er Jahren, Wiederholungstäter aus dem Verkehr zu ziehen. Nach drei Straftaten – darunter auch kleinere Delikte wie Diebstahl – wurden Täter für mindestens 25 Jahre ohne Chance auf Bewährung ins Gefängnis gesteckt. Die Drei-Verstöße-Regelung ist bis heute heftig umstritten und wurde erst vor wenigen Jahren reformiert. Sie ist einer der Gründe, warum die Gefängnisse gerade in Kalifornien jahrzehntelang völlig überfüllt waren und der Strafvollzug bis heute jedes Jahr Milliarden von Dollar verschlingt. Auch Harris wird oft vorgehalten, dass sie als Staatsanwältin solche »Three Strikes«-Fälle überhaupt zur Anklage gebracht und damit das System mit seinen drakonischen Strafen unterstützt habe.

Auch wenn Harris als stellvertretende Bezirksstaatsanwältin als erfolgreich gilt, überwirft sie sich bald mit ihren Kolleg*innen. Die Arbeitsbedingungen unter dem Bezirksstaatsanwalt seien zu chaotisch gewesen, sagt sie später. Im Jahr 2000 wechselt sie ins Rathaus von San Francisco und leitet für den »City Attorney«, eine Art Chefjurist der

Stadtverwaltung, die Abteilung für Familien- und Kinderdienste. Dort bezieht sie als Erste externe Sozialarbeiter in die Projekte der Stadt mit ein und geht entschlossen gegen die Prostitution Minderjähriger vor, die damals in San Francisco grassiert. Statt die jungen Frauen als Kriminelle zu behandeln, ist Harris' Ansatz, sie als Opfer zu sehen, die aus wirtschaftlicher Not und Drogensucht von anderen zur Prostitution gezwungen werden. Sie gründet die »Koalition zum Beenden der Ausbeutung von Kindern«. Ein Frauen- und ein Mädchenhaus entstehen, in denen Jugendliche unterkommen, die von zu Hause oder von Zuhältern flüchten wollen – die erste Unterkunft dieser Art in San Francisco überhaupt. Es ist die Art von Arbeit, die Harris erfüllt. »Ich realisierte, dass ich nicht auf jemand anderen warten musste, der die Dinge in die Hand nehmen würde; ich selbst konnte die Dinge ins Laufen bringen«, erinnert sie sich. »All die Male, die meine Mutter mich als kleines Kind fragte: ›Und was hast du dagegen gemacht?‹, wenn ich eine Ungerechtigkeit sah, ergaben auf einmal viel mehr Sinn.«

Beflügelt durch den Erfolg mit ihrer Einheit in San Francisco, feilt Harris weiter an ihren Karriereplänen. Schon bald bietet sich ihr eine Gelegenheit: Im Jahr 2002 zeichnet sich ab, dass ihr früherer Vorgesetzter Terrance Hallinan zur Wiederwahl antreten wird. Die Position des Bezirksstaatsanwalts ist in San Francisco eine politische, die Wähler entscheiden über den Amtsinhaber. Doch Hallinan ist umstritten, er gilt als schlampig und »soft on crime«. Die Verurteilungsrate ist in seinem Bezirk mit 50 Prozent die mit Abstand niedrigste in ganz Kalifornien.

Harris sieht ihre Chance gekommen: Mit achtunddrei-
ßig Jahren springt sie auf die politische Bühne. »Ich dachte
an James Baldwin, der mit seinen Worten den Kampf für
die Bürgerrechte so treffend eingefangen hatte«, erinnert
sie sich. »Es gibt keinen Zeitpunkt in der Zukunft, an
dem wir erlöst werden. Jede Aufgabe stellt sich in diesem
Moment, der Zeitpunkt ist immer jetzt.«

Ihre Freunde, Familie und Bekannte unterstützen sie in
ihren Plänen – und Harris weiß bereits, dass sie jede Hilfe
brauchen wird. San Francisco gilt schon damals als schwieri-
ges Pflaster für politische Ambitionen: In der Stadt wird
mit so harten Bandagen um Ämter gekämpft, dass manche
von »einem Messerkampf in einer Telefonzelle« sprechen.
Wohl nicht ohne Grund hat die Stadt mit ihren nicht einmal 900 000 Einwohnern zahlreiche Führungsfiguren der
Demokratischen Partei hervorgebracht – etwa die Speakerin Nancy Pelosi. Wer sich in San Francisco habe durchsetzen können, sei exzellent für die nationale Arena vorbereitet, sagen Experten. Auch Harris sagte einmal in einem
Interview: »San Francisco bedeutet knallharte Politik. Die
Leute bewerfen einander mit Dreck, und Schläge zielen
auf die Magengrube.«

Auch der Amtsinhaber Hallinan hat den Ruf eines knall-
harten Kämpfers, sein Spitzname lautet »k. o.«. Er arbeitete
früher als Strafverteidiger und kommt aus einer stadtbe-
kannten, progressiven Familie. Doch Umfragen von Harris'
Wahlkampfteam zeigen eine Schwachstelle von Hallinan:
Zwei Drittel der befragten Wähler befürworten zwar seine
progressive Haltung, aber die Hälfte dieser Leute findet, er
lasse den Worten keine Taten folgen. Wenn Harris es gelingt

zu zeigen, dass sie ebenfalls progressiv, aber noch dazu kompetent und durchsetzungsstark ist, könnte sie eine Chance haben.

Harris weiß auch, dass sie dort gewinnen muss, wo Hallinan keinen Wahlkampf macht – in den afroamerikanischen Vierteln San Franciscos. Ihre Mutter fährt sie nun an den Wochenenden mit dem Auto zu den Supermärkten im Arbeiterviertel Bayview – mit einem Bügeleisen, Klebstreifen und einem Stapel Wahlwerbung ausgerüstet. Neben dem Eingang schlägt Harris das Bügelbrett auf, klebt ihr Wahlplakat daran fest und versucht, mit den Bürger*innen ins Gespräch zu kommen. Mit Müttern plaudert sie etwa über das nächste Halloween-Kostüm für die Kinder. »Bevor wir uns verabschiedeten, schaute ich den Frauen in die Augen und sagte: ›Ich hoffe, ich habe Ihre Unterstützung.‹« Der Wahlkampf-Smalltalk habe ihr anfangs nicht gelegen, erinnert sich Harris. »Ich habe immer gern über die Arbeit geredet. Aber ich wurde so erzogen, dass ich nicht über mich selbst reden solle. Dass das narzisstisch sei. Und eitel. Es brauchte einige Zeit, bis ich mich daran gewöhnt hatte.«

Nicht nur vor Supermärkten macht Harris Wahlkampf. »Ich lief in der ganzen Stadt die Hügel rauf und runter und klopfte an Türen«, erzählte sie einer Gruppe Journalisten zwanzig Jahre später. »Ich stand an Bushaltestellen von sechs Uhr morgens bis acht Uhr abends und bettelte die Leute an, mit mir auf ihrem Weg zur Arbeit zu reden.« Die Afroamerikaner in Bayview sind ihre Basis, aber Schritt für Schritt wird Harris eine breite politische Koalition hinter sich versammeln: von Chinatown über das Castro-Viertel – in dem vor allem Homosexuelle wohnen – bis hin zu Pacific Heights, wo die Wohlhabenden und Prominenten der Stadt leben.

Harris versteht schon damals, wie sie ihre Herkunft für sich nutzen kann. Auf ihren Postwurfsendungen sind die Porträtfotos der Bezirksstaatsanwälte der vergangenen hundert Jahre gedruckt – alles weiße Männer. Daneben steht ihr Slogan: »Es ist Zeit für Wandel.« In einer Stadt wie San Francisco, die sich als progressive Speerspitze Amerikas versteht, kommt die Botschaft an.

Inhaltlich positioniert sich Harris im Wahlkampf rechts vom Amtsinhaber Hallinan, also als jemand, der durchgreifen und für Ordnung sorgen kann und trotzdem progressiv ist. »Nach meiner Vorstellung zeichnen sich fortschrittliche Staatsanwälte dadurch aus, dass sie mit Fairness, Weitsicht und Erfahrung von ihrer Macht Gebrauch machen, die Notwendigkeit zur Bestrafung von Kriminellen erkennen und wissen, dass Vorbeugung die beste Strategie ist, um in einer Gemeinschaft Sicherheit zu schaffen«, schreibt sie. In der Wahlwerbung verspricht sie den Bürgern, Kinder von Gangs fernzuhalten und Mietern zu helfen, die von ihren Vermietern schlecht behandelt werden. Auch lehnt sie die Todesstrafe ab, die in Kalifornien nach wie vor als Strafmaß möglich ist, und gelobt, als Bezirksstaatsanwältin diese nie zu verlangen. Dieses Versprechen einzulösen, wird ihr jedoch schon bald schwerfallen.

Bereits in jenem ersten Wahlkampf zeigt sich bei Harris eine Gabe, die für Politiker Gold wert ist: Sie kommt bei den Müttern in den Arbeitervierteln genauso gut an wie bei San Franciscos Reichen. Selbstbewusst bewegt sie sich zwischen den Welten und ist dabei wandelbar, als gehöre sie beiden schon immer an.

Harris versteht es, sich systematisch ein Netzwerk aufzubauen: Sie sitzt im Vorstand eines Juristenverbands in San Francisco ebenso wie in dem des renommierten Museum of Modern Art der Stadt. Auch dem Anwaltsausschuss für Bürgerrechte steht sie vor. Sie erfährt Unterstützung von der kalifornischen Senatorin Dianne Feinstein; diese wird Jahre später einmal ihre Amtskollegin in Washington sein. Ebenso zahlt sich nun aus, dass sich Harris in den vergangenen Jahren mit mächtigen Akteuren angefreundet hat – den Familien, die San Francisco seit Jahrzehnten indirekt regieren. Sie ist zur Hochzeit des Öl-Erben John Gilbert Getty eingeladen, Clint Eastwood schüttet ihr bei einer Party versehentlich Champagner über, mit dem einflussreichen Kolumnisten der Lokalzeitung »San Francisco Chronicle« Herb Caen freundet sie sich an. »Kamala ist mitreißend, und hat einen tollen Sinn für Humor«, sagt der Filmproduzent Todd Traina rückblickend über sie in einem Interview. »Sie hat ein sehr gewinnendes Wesen, jeder wollte sich mit ihr zeigen.« Kamala Harris sei in vielerlei Hinsicht eine interessante Kandidatin, urteilt damals auch Richard DeLeon, Politikprofessor an der San Francisco State University, gegenüber der »Los Angeles Times«: Sie habe multikulturelle Wurzeln, sei eine Feministin und habe gleichzeitig langjährige Erfahrung im Strafvollzug.

Ihr Adressbuch führt bald viele geldschwere Kontakte, alles potenzielle Spender. Am Ende ihres Wahlkampfs 2003 hat sie so viel Geld eingesammelt und für Wahlwerbung ausgegeben, dass der Ethikausschuss der Stadt ihr eine

Buße über 34000 Dollar aufbrummt, weil sie ihre selbstgesetzte Ausgabengrenze von 211000 Dollar für Wahlwerbung überschritten hatte. Auch sonst testet Harris durchaus die Grenzen des Erlaubten: Ihr Wahlkampfmanager wird etwa dabei erwischt, wie er sich als ehrenamtlicher Helfer für ihren Konkurrenten Hallinan ausgibt im Versuch, an kompromittierende Informationen zu gelangen.

Einer ihrer größten Fürsprecher in diesem ersten Wahlkampf ist Willie Brown, der jahrelang Speaker im kalifornischen Parlament war. Er ist ein legendärer Strippenzieher in der kalifornischen Politik, die »New York Times« nennt ihn damals einen der mächtigsten Lokalpolitiker überhaupt in den USA. Sein Spitzname im Parlament lautet »der Ajatollah«, im letzten Teil der Mafia-Trilogie »Der Pate« hat er einen Gastauftritt und spielt sich selbst. Doch der dreißig Jahre ältere Brown ist nicht nur ein Mentor, sondern auch Harris' Exfreund. Die beiden hatten während ihrer Zeit als Assistentin des Staatsanwalts in Oakland etwa ein Jahr lang eine Beziehung. Damals war sie neunundzwanzig und er sechzig Jahre alt. Harris redet bis heute nicht gerne über die Beziehung zu Brown, in ihrer Autobiografie erwähnt sie ihn mit keinem Wort. Denn so gut vernetzt Brown in der kalifornischen High Society ist, so erweist sich die Verbindung zu ihm auch als Bürde: Kritiker werfen ihr in jenen Tagen vor, sie habe es nur dank ihrem einflussreichen Exfreund auf die politische Bühne geschafft. Es ist ein Vorwurf, den niemand gerne hört.

Tatsächlich hatte Brown für Harris Positionen in zwei politischen Aufsichtsgremien vermittelt, dem »California Unemployment Insurance Appeals Board« und der »Medical Assistance Commission«. Diese bescherten ihr jährlich 80 000 Dollar zusätzlich an Einkommen. Doch Harris' Karriere ist nicht die einzige, die Brown unterstützt. Er rühmt sich bis heute damit, auch den Gouverneur Gavin Newsom, die Senatorin Dianne Feinstein und die Speakerin des Repräsentantenhauses Nancy Pelosi protegiert zu haben. Tatsächlich hat kaum ein erfolgreicher Politiker in San Francisco keine Verbindung zu Willie Brown. Der einzige Unterschied bei Harris sei, schreibt Brown in seiner Zeitungskolumne für den »San Francisco Chronicle«, dass Harris ihn nach ihrem Wahlsieg direkt wissen ließ, »dass ich von ihr sofort angeklagt würde, wenn ich auch nur bei Rot über die Ampel laufe.« Kamala Harris beendet die Beziehung zu Brown Jahre vor ihrem ersten Wahlkampf, noch bevor Willie Brown 1995 zum ersten Schwarzen Bürgermeister von San Francisco vereidigt wird. »Sie kam zu dem Schluss, dass es keine langfristige Zukunft für uns gab«, sagte Brown, »und sie hatte damit absolut Recht.« Heute ist Brown das Thema so leid, dass er Presseanfragen zu seiner Exfreundin ablehnt.

Harris' Konkurrenten im Rennen um die Bezirksanwaltschaft unterstellen ihr trotzdem, eine »Marionette von Brown zu sein«. Im Wahlkampf versucht Harris sich so gut es irgendwie geht von Brown zu distanzieren. »Nur das Erwähnen ihrer früheren Beziehung lässt ihre Schultern versteifen, lässt sie die Fäuste ballen und ihre Augen schmal werden«, schreibt die lokale Nachrichtenplattform SF Weekly damals.

Harris selbst bezeichnet den Exfreund als »Schleifstein um meinen Hals« und gibt sich selbstbewusst: »Seine Karriere ist vorbei. Vor meiner liegen vierzig Jahre. Ich schulde ihm nichts.« Anspielungen auf ihre Beziehung zu Brown nimmt sie persönlich. »Meine Konkurrenten stellten die Geschichte als schlüpfrig dar und taten so, als hätte ich selbst nichts zustande gebracht, als sei ich nur die Schöpfung eines anderen.« Auf solche Angriffe reagiert sie entsprechend hart: Bei Wahlkampfauftritten erinnert sie die Wähler daran, dass ein Konkurrent dem anderen vorwerfe, dass mehrere seiner Mitarbeiter im Büro Sex gehabt hätten; der wiederum behaupte, man habe den anderen in einem Etablissement erwischt. »Ich hingegen verspreche Ihnen«, sagt Harris zu den Wählern, »dass es mir nicht um Angriffe auf meine Gegner geht, sondern wir über Inhalte und Reformen reden.« Harris' Motto habe damals gelautet: ›Wenn deine Gegner dir weh tun, tust du ihnen noch mehr weh‹, erzählt ihr politischer Berater Jim Stearns.

Kommentatoren halten es damals und heute für unfair, Kamala Harris' Erfolg auf ihren Exfreund zu reduzieren. »Sie ist extrem klug, arbeitet hart und hat viel vorzuweisen, um San Franciscos Top-Staatsanwältin zu werden«, schreibt SF Weekly damals.

Doch trotz allem liegt Harris zwei Monate vor dem ersten Wahltag in Umfragen bei gerade einmal 6 Prozentpunkten. Ihre Wahlkampfleiterin Rebecca Prozan ist verzweifelt. Harris jedoch glaubt fest an ihren Sieg: »Bring mich irgendwie in den zweiten Wahlgang«, fleht sie Prozan an. »Dann gewinne ich.«

Für Harris wird zum Rettungsring, dass die führende Lokalzeitung sie letztendlich unterstützt. »Harris«, so schreibt der »San Francisco Chronicle«, »bietet die beste Chance dafür, den Schaden zu beheben, den dieses wichtige städtische Amt in den vergangenen acht Jahren unter Hallinans Führung erlitten hat.« An dem Samstag, als die Wahlempfehlung in der Zeitung erscheint, ruft sie ihre Wahlkampfmanagerin Prozan morgens um halb sieben an: »Ich hoffe inständig, dass du genügend Flugzettel mit der Empfehlung aus dem ›Chronicle‹ parat hast, die ich heute verteilen kann.« Harris zieht noch einmal durch die Stadt, sie klopft angeblich an so viele Haustüren, dass ihre Fingerknöchel wund sind.

Der Einsatz zahlt sich aus: Harris setzt sich tatsächlich im ersten Wahlgang durch. Auch kurz vor der Stichwahl stellt sich die Lokalzeitung hinter sie: »Harris, für Recht und Ordnung«, plädiert der »Chronicle« Anfang Dezember 2003. Es ist just der gleiche Spruch, den sich Jahre später Donald Trump auf die Fahne schreiben wird.

Harris besiegt kurz darauf den Amtsinhaber Hallinan mit 56,5 Prozent der Stimmen. Nicht nur ist sie die erste Frau, die das Amt in San Francisco erringt – sie ist auch die erste afroamerikanische Person überhaupt, die in Kalifornien Bezirksstaatsanwältin wird.

Als Harris einige Monate später von der kalifornischen Senatorin Dianne Feinstein vereidigt wird, hält ihre Mutter die Bibel in der Hand, auf die sie den Eid ablegt. »Ich weiß, dass es Kamala enorm wichtig ist, dass Sie heute hier sind«, sagt Feinstein zu Shyamala Gopalan, »herzlich willkommen.« Die Mutter strahlt, als die Tochter den Amtseid ablegt. »Meine deutlichste Erinnerung«, erinnert sich Harris, »ist, dass ich meine Mutter anschaute und nichts als Stolz auf ihrem Gesicht sah.«

Harris brennt darauf, mit der Arbeit loszulegen. Am Abend nach ihrer Amtseinführung sei eine Gruppe von Wahlkampfhelfern und Freunden mit ihr essen gegangen, um den Sieg zu feiern, erinnert sich Debbie Mesloh im Gespräch. »So um sechs, halb sieben fragte sie mich: ›Bist du fertig mit Essen? Wollen wir?‹ Und wir brachen auf ins neue Büro und begannen noch am selben Abend mit der Arbeit.«

Auch in ihrem neuen Amt erarbeitet sich Harris schnell den Ruf, intelligent, fleißig und gewissenhaft zu sein. Sie rekrutiert frühere Kolleg*innen, die sie von ihrer Zeit in der Staatsanwaltschaft in Oakland kennt, als Stellvertreter und Chefermittler. Und sie macht solche einfachen, überfälligen Änderungen wie alle Büroräumlichkeiten der Bezirksstaatsanwaltschaft in San Francisco neu streichen zu lassen – nicht nur ihr eigenes Büro, wie ihre Vorgänger es getan hatten. Zum ersten Mal in dreißig Jahren arbeiten die Staatsanwälte nun in frisch gestrichenen Räumen mit neuen Kopiermaschinen und Druckern; etwas, das sie sich gemäß internen Umfragen sehr gewünscht hatten.

Doch die Honeymoon-Phase währt nicht lange. Nicht mal vier Monate nach der Vereidigung erlebt Harris ihren ersten großen Politskandal. Es ist Ostersamstag im Jahr 2004, als in dem gleichen Viertel, in dem Harris wenige Monate zuvor noch Wahlkampf mit dem Bügelbrett unterm Arm gemacht hatte, ein Polizist abends auf Patrouille ist. Isaac Espinoza, neunundzwanzig Jahre alt, ist verheiratet und seit kurzem Vater einer kleinen Tochter. Seit sieben Jahren ist das Bayview-Viertel in San Francisco sein Einsatzgebiet. Eigentlich hätte er schon längst versetzt werden können – Bayview ist legendär als eines der gefährlichsten Quartiere der Stadt. Doch Espinoza hat diese Angebote abgelehnt, irgendjemand müsse »den guten Leuten dort« ja dienen. Auch wegen dieser Einstellung ist er bei seinen Kolleg*innen enorm beliebt.

Doch an diesem Abend eskaliert ein Einsatz: Espinoza und ein Kollege patrouillieren das Viertel in Zivilkleidung und beschatten das Mitglied einer Gang. Der Mann dreht sich plötzlich um, schießt mehrmals auf die Beamten mit einem Sturmgewehr des Typus AK-47 und trifft Espinoza unter anderem in den Kopf. Der junge Polizist stirbt Stunden später im Krankenhaus.

Wer einen Polizisten ermordet, dem droht in Kalifornien die Todesstrafe. Im politisch linken San Francisco hat allerdings kein Staatsanwalt diese seit Jahren gefordert. Doch auch der letzte Mord an einem Polizisten liegt lange zurück.

Harris ist als Gegnerin der Todesstrafe bekannt. Auch im Wahlkampf hatte sie versprochen, diese als Bezirksstaatsanwältin nie zu fordern. Sie verweist immer wieder auf Studien, die zeigen, dass die Todesstrafe Täter nicht abschreckt, dass sie ungleich über verschiedene Ethnizitäten und Gesellschaftsklassen hinweg angewendet wird und dass die gerichtlich angeordneten Berufungsprozesse Milliarden von Dollar verschlingen, die ansonsten in Programme fließen könnten, die Gewalttaten verhindern.

Doch statt aus Taktgefühl ein paar Wochen zuzuwarten, prescht sie mit ihrer Entscheidung direkt an die Öffentlichkeit. Nur drei Tage nach Espinozas Ermordung, ja noch vor seiner Beerdigung, beruft sie eine Pressekonferenz ein:

Sie werde gegen Espinozas Mörder eine lebenslange Haftstrafe ohne die Chance auf Bewährung verlangen – aber nicht die Todesstrafe.

Harris' Timing hätte schlechter kaum sein können. Die Beamten der Stadt sind empört, sie fühlen sich von Harris als leitender Strafermittlerin hintergangen. Aus ihrer Sicht kann die Bezirksstaatsanwältin nicht schon Gnade mit dem Mörder walten lassen, wenn der erschossene Polizist noch nicht einmal unter der Erde ist.

Die Lage eskaliert an Espinozas Beerdigung. Der Tag ist zufälligerweise just Harris' hundertster Tag im Amt. Tausende Beamte kommen für die Beisetzung in Autos und Bussen, auf Pferden und in Helikoptern in die Saint Mary's Cathedral in San Francisco. Teile der Innenstadt werden abgesperrt, der frisch gewählte Bürgermeister Gavin Newsom ist da, ebenso Kamala Harris, auch die kalifornische Senatorin Dianne Feinstein wendet sich an die Trauernden. Von ihrer vorgeschriebenen Rede weicht Feinstein spontan ab: Espinozas Ermordung sei »nicht nur die Definition einer Tragödie, sondern sie liefert genau die besonderen Umstände, nach denen das Gesetz die Todesstrafe verlangt«. Feinsteins Worte begeistern, die Besucher in der Kathedrale springen von ihren Plätzen und applaudieren der Senatorin. Harris bleibt sitzen. Auch der Vorsitzende der Polizistenvereinigung, Gary Delagnes, pflichtet der Senatorin kurz danach in seiner eigenen Ansprache bei. »Isaac hat den ultimativen Preis gezahlt. Und ich spreche für alle Beamten, wenn ich verlange, dass auch sein Mörder den ultimativen Preis zahlen muss.«

Feinstein setzt beim Verlassen der Kathedrale noch eins

drauf: Wenn sie gewusst hätte, dass Harris sich so verhalten würde, hätte sie ihre Kandidatur als Bezirksstaatsanwältin wohl nicht unterstützt.

Ebenso drängen die zweite kalifornische Senatorin, Barbara Boxer, der damalige Bürgermeister von Oakland und die Vereinigung von Polizisten in San Francisco Harris dazu, ihre Position zu revidieren. Sie tut es nicht. Espinozas Mörder wird letztendlich zu einer lebenslangen Haftstrafe ohne die Möglichkeit auf Bewährung verurteilt. Er sitzt bis heute im Hochsicherheitsgefängnis in Pelican Bay in Nordkalifornien.

Auch wenn Harris ihrem Versprechen treu geblieben ist, braucht es Jahre, bis die Beziehung zu den Strafverfolgern wieder gekittet ist. Die Polizeigewerkschaften zeigen ihr nach dem Vorfall lange die kalte Schulter. Rückblickend gibt sie zu, dass sie »politisch naiv« gewesen sei, die Forderung nach der Todesstrafe so kurz nach der Ermordung auszuschließen. Selbst sechzehn Jahre später noch, kurz vor ihrem Amtsantritt als Vizepräsidentin, spricht der Fernsehsender CNN Harris auf ihre damalige Entscheidung an.

Die Bürger von San Francisco hingegen stellen sich hinter Harris. In einer Umfrage nach der Beerdigung halten 70 Prozent ihre Entscheidung für richtig. Und die Bürger sind es schließlich auch, die über Harris' politische Zukunft zu entscheiden haben: 2007 wählen sie Harris wieder; es gab nicht mal einen Gegenkandidaten.

Doch auch Harris' zweite Amtszeit wird von einem Skandal erschüttert. Im Jahr 2010 macht ein Drogenuntersuchungslabor, das Harris als Bezirksstaatsanwältin unterstellt ist, Schlagzeilen: Eine korrupte Mitarbeiterin hat von dort Kokain entwendet und mit nach Hause genommen. Doch die gleiche Mitarbeiterin sagte auch regelmäßig vor Gericht als Expertin aus. Der Verdacht besteht, dass die Ermittlungen und das Beweismaterial in mehreren Hundert Fällen kompromittiert worden waren. Wie sich später herausstellen wird, hatte ein anderer Staatsanwalt Harris' Assistenten bereits vor längerem in einer E-Mail informiert, dass die betreffende Mitarbeiterin »als Zeugin zunehmend unzuverlässig« sei. Es gebe Gerüchte im Drogenlabor, dass die Frau mit ihrer Arbeit unglücklich sei und versuchte, die Abteilung absichtlich zu sabotieren. Doch selbst als der Skandal publik geworden war, habe es Harris entgegen ihren Pflichten versäumt, Informationen dazu mit den Strafverteidigern der Angeklagten zu teilen, urteilt später eine Richterin. Zudem wussten Harris' Mitarbeiter zwar, dass die besagte Expertin selbst vorbestraft war, hatten aber auch das vor den Anwälten der Angeklagten verheimlicht. »Eine Überprüfung des Falls«, schrieb die »Washington Post« rückblickend im März 2019, »zeichnet ein Bild von Harris als jemand, der Probleme damit hatte, eine Krise in den Griff zu bekommen.« Die Bezirksstaatsanwaltschaft San Francisco musste letztendlich rund tausend Rechtsfälle zurückziehen, auch solche, die sie gewonnen hatte und bei denen die Täter bereits im Gefängnis saßen. Dass wegen dieser Schlamperei im Labor Täter ungestraft davongekommen seien, »hat mich wütend gemacht«, sagt Harris Jahre später gegenüber CNN.

Auch ein anderer Fall sorgt noch Jahre später für Schlagzeilen. Im Jahr 2007 wird in San Francisco ein Mann in der Nähe eines sozialen Wohnbauprojekts erschossen. Es gibt Dutzende Augenzeugen, doch nur eine Frau will vor Gericht aussagen. Nach einigem Zögern identifiziert sie den Schützen, ein junger Mann namens Jamal Trulove, der zur gleichen Zeit in einer Reality-TV-Sendung zu sehen ist. Harris' stellvertretende Staatsanwältin erhebt Anklage und nimmt die Augenzeugin in ein Zeugenschutzprogramm auf. Der angeklagte Trulove bestreitet die Tat, doch 2010 wird er für den Mord zu fünfzig Jahren Haft verurteilt. Er kommt in ein Hochsicherheitsgefängnis, wo er von Mitinsassen angegriffen wird. Im Jahr 2015 rollt dann ein Anwalt den Fall neu auf – und erreicht tatsächlich einen Freispruch für seinen Mandanten. Der Richter im Berufungsverfahren hält fest, dass die Staatsanwaltschaft einst beweislos Behauptungen aufgestellt hätte und sein Strafverteidiger ihn miserabel vertreten hätte. Trulove verklagt die Stadt San Francisco und erhält mehr als 13 Millionen Dollar Schmerzensgeld. Er und seine Familie sind bis heute Harris gegenüber enorm kritisch eingestellt und verurteilen ihre Arbeit als Bezirksstaatsanwältin scharf.

Doch Harris gelingt es während ihrer acht Jahre als Bezirksstaatsanwältin auch, den Stau an ausstehenden Fällen aufzuarbeiten, und sie schafft es in kürzester Zeit, mehr Verurteilungen in Verbrechensfällen zu erwirken. Lob erntet sie vor allem für ein von ihr lanciertes Programm namens »Back on Track«. Teilnehmer sollen so nach ihrer Entlassung besser in der Gesellschaft Fuß fassen. Das Programm ist auch deswegen bemerkenswert, weil das amerikanische Strafwesen – anders als das deutsche – nicht darauf abzielt, frühere Straftäter wieder in den Alltag einzugliedern, sondern auf Bestrafung. An ehemaligen Gefängnisinsassen klebt ein Strafregistereintrag, der es enorm erschwert, eine Arbeitsstelle zu finden. Es ist, als trügen sie für den Rest des Lebens eine Fußfessel. Entsprechend scheitern viele und landen erneut im Gefängnis. »Obwohl wir jedes Jahr 200 Milliarden Dollar für die Verbrechensbekämpfung ausgeben, ist das System voll von Wiederholungstätern, die zwei bis drei Jahre nach ihrer Entlassung wieder straffällig werden«, schreibt Harris 2009 in ihrem Buch »Smart on Crime«.

Harris will das mit »Back on Track« ändern. Ihr Vorschlag ist für die damalige Zeit geradezu revolutionär: Nicht-gewalttätige Ersttäter zwischen 18 und 30 Jahren, die wegen Drogenvergehen einsaßen und sich schuldig bekannt haben, bekommen einen Teil ihrer Haftstrafe erlassen, wenn sie das zwölf- bis achtzehnmonatige Programm erfolgreich bestehen. Die Auflagen sind streng: Die Teilnehmer müssen ihren Schulabschluss nachholen oder eine feste Anstellung finden und behalten, mehr als 200 Stunden Sozialdienst leisten, Kurse in Kindererziehung belegen, etwaige Alimente begleichen und regelmäßig negative Drogentests vorweisen. Verstoßen sie gegen eine der Auflagen, landen sie wieder im Gefängnis. Bestehen sie hingegen, löscht ein Richter ihren Strafregistereintrag.

Harris bemüht sich persönlich, Firmen zu finden, die Teilnehmer von »Back on Track« anstellen. Ihre früheren Mitarbeiter*innen erinnern sich, wie sie dafür Behörden der Stadt anrief und die Betreiber einer Fitnessstudio-Kette dazu überredete, den Teilnehmern eine kostenlose Jahresmitgliedschaft zu geben. »Back on Track« gilt als Erfolg. Von den mehr als 200 Absolventen, die innerhalb von sechs Jahren daran teilgenommen haben, werden weniger als

zehn Prozent in den folgenden zwei Jahren erneut straffällig. Die Rückfallquote beträgt bei vergleichbaren Straftä-
tern üblicherweise rund 50 Prozent.

Später als Justizministerin Kaliforniens wird Harris »Back
on Track« auch in Los Angeles einführen. Das Justizministerium in Washington, D.C. zeichnet das Programm als vorbildlich aus und verweist darauf, dass es sich auch für die
Steuerzahler rentiere: Die Teilnahme an »Back on Track«
koste pro Insasse 5000 Dollar, ein Jahr im Lokalgefängnis
im Vergleich dazu 40000 Dollar. Auch die Staatsanwalt-
schaften in Baltimore, Philadelphia und Atlanta übernehmen »Back on Track« als Muster für eigene, vergleichbare
Programme.

Während ihrer Zeit als Bezirksstaatsanwältin von San
Francisco baut Harris auch ihre landesweiten Kontakte innerhalb der Demokratischen Partei aus. San Francisco ist
dank seiner Nähe zum Technologiemekka Silicon Valley
enorm wohlhabend, gleichzeitig hat es einen Ruf als progressive Hochburg. Beides macht die Stadt zu einer beliebten Anlaufstelle für Fundraiser von Demokraten aus dem
ganzen Land. Im Jahr 2004 etwa organisiert Harris eine Veranstaltung zum Spendensammeln für einen aufstrebenden
Senatsanwärter aus dem Bundesstaat Illinois; er heißt Barack Obama und ist nur drei Jahre älter als Harris. Es ist
der Beginn einer langen Freundschaft und politischen
Allianz zweier aufstrebender, afroamerikanischer Politiker.
Als Obama nur vier Jahre nach seinem Einzug in den Senat
zum Präsidenten gewählt wird, gehen viele davon aus, dass
Harris nun ihr Amt als Bezirksstaatsanwältin aufgeben und
nach D.C. in Obamas Kabinett wechseln wird.

Harris allerdings hat ihren nächsten Karriereschritt bereits geplant. 2008, nur ein Jahr nach ihrer Wiederwahl als Bezirksstaatsanwältin von San Francisco, kündigt sie an, dass sie 2010 als Justizministerin Kaliforniens kandidieren wird. Doch genau in jener Zeit erfährt sie den schwersten Schicksalsschlag ihres bisherigen Lebens.

# 3

## Einsamer Aufstieg

Es ist das Jahr 2008, Kamala Harris sitzt mit ihrer Schwester Maya in einem Restaurant in der Bay Area und wartet auf die Mutter. Maya ist zu Besuch aus New York, wo sie jüngst eine Stelle bei der Ford-Stiftung angenommen hat, wo sie den Bereich Demokratie, Rechte und Gerechtigkeit leitet. Die drei Frauen freuen sich auf das gemeinsame Mittagessen, die Mutter hat sie darum gebeten. Als Shyamala Gopalan das Restaurant betritt, fällt ihren Töchtern gleich auf, dass etwas anders ist: Die sonst so uneitle Mutter ist geschminkt, trägt »leuchtende Seide« und hatte sich frisieren lassen«, wie Harris in ihren Memoiren schreibt.

Sie fallen sich in die Arme, bestellen Essen, plaudern. Dann greift Gopalan über den Tisch nach den Händen ihrer Töchter. »Bei mir wurde Darmkrebs diagnostiziert.« »Krebs. Bei meiner Mutter. Bitte, nein«, geht Harris durch den Kopf – ausgerechnet bei ihr, der Krebsforscherin.

Shyamala Gopalan als Harris' Vorbild zu bezeichnen, griffe zu kurz. Die Mutter war Inspiration, Kritikerin, Unterstützerin in Harris' Leben. »Meine Mutter war klug und tough und wild und beschützte uns. Sie war großzügig, loyal und witzig«, schreibt Harris. Sie habe ihr und Maya immer das Gefühl vermittelt, dass sie alles erreichen könnten, wenn sie sich nur anstrengten. »Mommy«, wie Harris und Maya die Mutter auch als Erwachsene noch nennen, habe aus ihnen die Frauen gemacht, die sie heute seien. Und sie war der Grund, dass Harris in den öffentlichen Dienst trat. »Meine Mutter hatte gelernt, dass es die Dinge sind, die man für andere macht, die dem Leben einen Sinn und eine Bedeutung geben.«

Auch beruflich setzen die Mutter und der Vater nach wie vor hohe Maßstäbe für die Kinder – beide sind promoviert an Spitzenuniversitäten beschäftigt: die Mutter in Berkeley, der Vater in Stanford. »Ich sah die Befriedigung, die meine Eltern durch ihre Arbeit bekamen«, schreibt Harris. Sie zitiert ihre Mutter bis heute ständig: »Sitz nicht nur da und beschwer dich. Tu was!« – »Meine Mutter fragte nie jemanden um Erlaubnis für das, was möglich ist« – »Meine Mutter brachte uns bei, dass ›zu schwer‹ keine gute Entschuldigung ist, dass Erfolg auch daran gemessen wird, was du anderen hilfst zu erreichen.«

»Ich glaube, Kamala will bei allem, was sie tut, immer ihre Mutter stolz machen«, sagt Debbie Mesloh, mit der Harris seit ihrem ersten Wahlkampf als Bezirksstaatsanwältin befreundet ist. Von der habe sie auch ihre Willensstärke geerbt. »Wenn sie sich etwas vorgenommen hat, dann geht sie mit dem Kopf durch die Wand und ist hundertprozentig überzeugt, dass es funktionieren wird.« Auch ihr »Selbstbewusstsein aus Stahl« sei wie das der Mutter.

Der Bruder bestätigt das. Kamala habe von seiner Schwester viele Eigenschaften geerbt. Überhaupt aber habe Shyamala Gopalan insbesondere die Frauen in der Familie geprägt. Auch seiner eigenen Tochter, die eine mexikanische Mutter habe und in den USA lebe, habe seine Schwester von klein auf eingetrichtert: »Lass dir von niemandem einreden, was du erreichen kannst und was nicht.«

Doch mit einem Schlag leidet Shyamala Gopalan an einer tödlichen Krankheit. Da Maya in New York arbeitet, kümmert sich nun vor allem Kamala Harris um die Mutter. Sie fährt sie zur Chemotherapie und holt sie von dort ab. Manchmal bleibt sie währenddessen auch bei ihr und versucht sie mit Witzen aufzuheitern, während die Infusion mit dem Therapeutikum in die Venen tropft. Als der Mutter die Haare ausfallen, kauft sie ihr Hüte. Arbeitet Harris nicht gerade im Büro der Staatsanwaltschaft, dann ist sie in jenen Monaten bei ihrer Mutter.

Harris koordiniert die Pflege mit den Ärzten, kocht »aufwendige Mahlzeiten, die das Haus mit dem Duft aus Kindertagen füllten und uns beide an glücklichere Zeiten erinnerten«. Immer wieder wird Gopalan mit Komplikationen ins Krankenhaus eingewiesen. Harris verweist häufig auf diese persönlichen Erfahrungen mit dem US-amerikanischen Gesundheitssystem, wenn sie eine allgemeine staatliche Krankenversicherung fordert. »Medicare for all« heißt diese Idee in den USA: dass die bereits seit 1966 existierende, universelle Krankenversicherung für über Fünfundsechzigjährige auf die ganze Bevölkerung ausgedehnt werden soll. Das Konzept taucht auch später im Präsidentschaftswahlkampf 2020 auf, ist aber in der Bevölkerung umstritten. »Die Qualität der medizinischen Versorgung hängt entscheidend davon ab, welcher sozialen Klasse man angehört«, beschreibt Harris den Status quo in den USA. »Gesundheitsversorgung ist noch immer ein Privileg in diesem Land.«

Auch während ihrer Krebserkrankung weigert sich Shyamala Gopalan, in Jammern oder Selbstmitleid zu verfallen. Bis kurz vor ihrem Tod habe sie am Lawrence Berkeley National Laboratory gearbeitet, erinnert sich ihre damalige Vorgesetzte Mina Bissell im Gespräch. Das letzte Mal, dass sie Gopalan sah, hätten sich die beiden Frauen zum Abendessen in Oakland getroffen. »Sie hatte weder mir noch anderen, die ihr nahestanden, von ihrer Krebserkrankung erzählt. Ich nehme an, sie wollte nicht wirken, als ob sie klage.«

Trotz Chemotherapie schreitet die Krebserkrankung in Gopalans Körper voran. Irgendwann, nach einem von vielen Krankenhausaufenthalten, kehrt eine Pflegeschwester mit ihr nach Hause zurück. Doch die Töchter weigern sich, der Wahrheit ins Gesicht zu sehen: dass ihre geliebte Mutter sterben wird. Als Gopalan sich wünscht, noch einmal nach Indien zu reisen, fangen die Töchter eifrig an zu planen. Sie rufen den Bruder der Mutter an, buchen Flugtickets, finden eine Krankenschwester, die sie alle begleiten soll.

Ein paar Abende später kommt die ganze Familie im Haus der Mutter zusammen, auch Freunde sind da, Harris steht in der Küche und kocht Rindseintopf für alle. Da, beim Anbraten des Fleischs, habe sie plötzlich verstanden, was gerade passiert, erinnert sich Harris. Dass ihre geliebte Mutter dabei ist zu sterben. Und dass sie gar nichts dagegen tun kann. Die Erkenntnis trifft sie wie ein Schlag. »Ich begann zu hyperventilieren – kurze Atemzüge ein und aus. Ich fühlte mich, als würde ich umkippen«, schreibt sie.

Die Mutter bittet ihre Tochter darum, dass ihr Bruder kurzfristig aus Indien kommen möge, trotz ihrer eigenen Reisepläne. »Ich war etwas irritiert über ihren Wunsch«, erzählt Balachandran, der heute achtzig Jahre alt ist und in Delhi lebt. »Ich war erst kurz zuvor bei ihr zu Besuch in Oakland gewesen. Aber ich fragte nicht groß nach, sondern stieg einfach ins Flugzeug.« Dann geht alles ganz schnell. Wenige Stunden nachdem sie ihren Bruder noch einmal gesehen hat, stirbt Shyamala Gopalan, am 11. Februar 2009, im Alter von siebzig Jahren. Ihre Töchter sind zu diesem Zeitpunkt fünfundvierzig und zweiundvierzig Jahre alt.

»Und obwohl ich sie jeden Tag vermisse«, schreibt Harris, »ist sie bei mir, wohin ich auch gehe. Manchmal schaue ich hoch und rede mit ihr. Und es gibt keinen Titel, keine Ehre auf dieser Welt, die ich mehr schätze als zu sagen, ich bin Shyamala Gopalan Harris' Tochter.«

Shyamala Gopalan hat den Mann, den ihre Tochter heiraten würde, nicht mehr kennengelernt, ihren rasanten politischen Aufstieg nicht miterlebt. Ob als Justizministerin, Senatorin oder als erste Vizepräsidentin, in jeder Siegesrede dankte Harris ihrer Mutter. Bis heute bleibt sie für Harris der Nordstern, der zentrale Punkt, an dem sie sich in jeder Lebenslage orientiert. Vor jeder schweren Entscheidung frage sie sich: »Was würde Mommy jetzt darüber denken?« Im Eisenhower-Flügel des Weißen Hauses, wo das Büro der Vizepräsidentin untergebracht ist, stehen heute hinter ihrem Schreibtisch mehrere Fotos auf einer Kommode. Auf dem Bild ganz links, rot eingerahmt, halten Harris und die Mutter sich im Arm.

Doch im Februar 2009 bleibt Harris kaum Zeit, um in Trauer zu versinken. Sie steckt mitten im Rennen um das Amt der Justizministerin von Kalifornien. Diesen nächsten Karriereschritt hat sie seit längerem geplant, auch ihre Mutter hatte sie in dem Vorhaben unterstützt. Nicht zufällig bringt Harris 2009 ihr erstes Buch auf den Markt: »Smart on Crime«, lautet der Titel. Damit will sie sich den Kaliforniern außerhalb der Bay Area vorstellen. Auf 200 Seiten erklärt Harris ihr Wahlprogramm: wie sie die öffentliche Sicherheit verbessern, das Strafwesen billiger machen und Wiederholungstäter abschrecken will. Gewidmet ist das Buch ihrer Mutter.

Dass das Rennen um das kalifornische Justizministerium hart werden wird, zeichnet sich ab. Ihr Wahlkampfmanager ist damals Brian Brokaw. Er erinnert sich noch genau an sein Vorstellungsgespräch für den Posten – es fand in einer traditionsreichen Anwaltskanzlei in San Francisco statt, in einem Raum mit hohen Decken und dunkel vertäfelten Wänden. Harris saß umgeben von mehreren Beratern am Kopf des Tisches und stellte die Fragen. »Es war furchteinflößend«, erzählt Brokaw. Sie sei zwar nur gut ein Meter sechzig groß, aber Harris strahle enormes Selbstbewusstsein aus. In einem Raum ziehe sie alle Aufmerksamkeit auf sich.

Brokaw bekam die Stelle als Wahlkampfmanager und damit eine Führungsrolle in einem enorm fordernden Wahlkampf. Harris sei eine strenge Chefin. »Unter ihr machst du keinen Fehler zweimal, und bei Besprechungen bist du besser hervorragend vorbereitet. Sie duldet keine Schludrigkeiten.« Aber das sei ja nichts Schlechtes – auf diese Weise hole sie das Beste aus ihrem Team heraus.

Im Bewerberfeld der Demokraten kann sich Harris zwar klar durchsetzen, sie gewinnt die parteiinterne Vorwahl deutlich. Der Spitzname »Weibliche Obama« fällt in jener Zeit immer wieder. Es ist wohl als Kompliment gedacht, aber Harris ärgert er – sie will ihre eigene Geschichte schreiben.

Doch nach der parteiinternen Vorwahl beginnt für Harris der echte Wahlkampf. Ihr republikanischer Gegner liegt in Umfragen weit vorne: Steve Cooley – fast zwanzig Jahre älter als sie – ist ebenfalls Bezirksstaatsanwalt, allerdings in Los Angeles. Dort ist er sehr beliebt, zwei Mal schon wurde er wiedergewählt. Und er ist einer der wenigen Republikaner, dem im linken Kalifornien gute Chancen auf ein bundesstaatweites Amt zugeschrieben werden.

Cooley fährt alle Geschosse gegen Harris auf: In Wahlkampf-Filmen erinnert er die Wähler an den ermordeten Polizisten Isaac Espinoza und dass Harris daran schuld sei, dass sein Mörder nicht zum Tode verurteilt wurde. Damit bedient er auch das alte Vorurteil, dass Politiker aus San Francisco weich gegenüber Verbrechern seien. Harris verteidigt sich damit, dass auch der derzeitige Justizminister Jerry Brown gegen die Todesstrafe sei. Und dass sie eine so harte Bezirksstaatsanwältin sei, dass die Verurteilungsrate in San Francisco nun auf dem höchsten Stand seit fünfzehn Jahren liege. Schützenhilfe bekommt Harris vom neuen populären Präsidenten Barack Obama. Er reist 2010 nach Los Angeles, um für Harris die Werbetrommel zu rühren – und tut dies nicht nur ausgerechnet in der Stadt, in der Cooley Bezirksstaatsanwalt ist, sondern auch noch an dessen Alma Mater, der University of Southern California. Die Republikaner wiederum konzentrieren sich auf eine Flut von Werbeanzeigen. Kurz vor der Wahl liegen die beiden Kandidaten zu dicht in Umfragen beieinander, als dass man einen Sieger voraussagen könnte.

Am Wahlabend im November 2010 sieht es dann zunächst schlecht für Harris aus. Sie liegt am späten Abend knapp hinter Cooley. Obwohl noch nicht alle Stimmzettel ausgezählt sind, kürt Harris' Heimatzeitung, der »San Francisco Chronicle«, Cooley um 23 Uhr zum Gewinner. Auch Cooley tritt vor die Kameras und erklärt seinen Sieg, »auch wenn manche Berater sagen, es sei noch zu früh«, wie er selbst zugibt. Dass dem tatsächlich so ist, zeigt sich wenige Stunden später, als plötzlich Harris mit 20 000 Stimmen führt. Drei Wochen dauert die Auszählung der Stimmzettel; eine Achterbahnfahrt, in der mal Cooley, mal Harris vorne liegt. Die Warterei sei enorm anstrengend gewesen, erinnert sich Brokaw.

Am Tag vor Thanksgiving sitzt Harris im Flugzeug nach New York, wo sie mit ihrer Schwester Maya und deren Familie den Feiertag verbringen wird. Sie bemerkt einen verpassten Anruf – von ihrem Mitbewerber Steve Cooley. Sie ruft zurück, als sich die Türen der Maschine schließen und die Stewardessen die Passagiere bitten, ihre Handys auszuschalten. Jeden Augenblick wird die Maschine abheben. Da nimmt Cooley den Hörer ab. »Ich wollte Ihnen mitteilen, dass ich meine Niederlage einräume«, sagt er. »Sie haben einen großartigen Wahlkampf geführt«, antwortet Harris. »Ich hoffe, Sie wissen, auf was Sie sich da eingelassen haben«, entgegnet Cooley. »Genießen Sie Thanksgiving mit Ihrer Familie«, sagt Harris und legt auf. Sie hat es tatsächlich geschafft – mit 0,8 Prozentpunkten Vorsprung hat sie die Wahl zur Justizministerin gewonnen. Harris ist überwältigt vor Freude und Erleichterung, am liebsten will sie auf der Stelle ihre Freunde und Wahlkampfhelfer anrufen. Doch da hebt die Maschine ab, und für fünf Stunden kann sie ihre Freude mit niemandem teilen.

Auch Cooley bezeugt Harris rückblickend enorme Disziplin – halb kritisch, halb bewundernd. »Ihre größte Stärke war es«, sagte er in einem Interview mit MSNBC, »dass sie absolut entschlossen war, diese Wahl zu gewinnen. Sie demonstrierte eine unbeirrbare Entschiedenheit, in der politischen Welt aufzusteigen, absolute Hingabe.«

Harris' Wahlkampfmanager Brian Brokaw wird Harris auch die kommenden Jahre weiter politisch beraten und ihren Aufstieg bis nach Washington begleiten. Inzwischen sind die beiden auch privat befreundet. »Es gibt eine Arbeitsversion und eine Privatversion von ihr«, sagt Brokaw. »Wenn sie arbeitet, ist sie komplett fokussiert und ernst; niemand ist besser vorbereitet als sie, und sie hat sehr hohe Erwartungen an ihre Mitarbeiter.« Als Privatmensch sei Harris viel entspannter. »Sie hat einen großartigen Sinn für Humor und lacht gerne.« Sie interessiere sich sehr dafür, wie es den Kindern der Leute gehe, und frage immer nach Fotos. Zum Beweis zieht Brokaw sein Handy hervor und spielt die Sprachnachricht vor, die Harris jüngst für seine Tochter hinterlassen hat: »Eine Nachricht für Alexandra Rose an ihrem zehnten Geburtstag. Ich erinnere mich noch genau an den Tag, an dem du geboren wurdest, wir haben uns alle so gefreut, Süße.« Dann singt Harris Happy Birthday.

Das sei die Seite an ihr, die nicht viele kennen, sagt Brokaw. Auch die Journalistin Tal Kopan kann das bestätigen. Als Berichterstatterin für den »San Francisco Chronicle« aus Washington, D. C. hat Kopan Harris in den vergangenen Jahren mehrmals getroffen und interviewt. »Ich habe kürzlich ein Kind bekommen, und als wir uns das letzte Mal sahen, hat sie mich prompt nach meiner Tochter gefragt. Sie erinnert sich an solche Dinge.« Für Politiker sei es natürlich vorteilhaft, sich Gesichter zu merken, Details aus dem Leben der Menschen zu kennen – aber Harris mache sich diese Mühe auch.

Am 3. Januar 2011 wird Harris in Sacramento als Justizministerin Kaliforniens vereidigt. Fast zwei Jahre sind seit dem Tod der Mutter vergangen, und trotzdem schafft sie es kaum, in der Siegesrede ihren Namen zu erwähnen, ohne in Tränen auszubrechen. »Sooft ich geübt hatte, ich hatte jedes Mal weinen müssen. Aber es war mir so wichtig, dass ihr Name in diesem Raum genannt wurde, weil nichts von dem, was ich erreicht hatte, ohne sie möglich gewesen wäre.«

In ihrer Rede wiederholt Harris in aller Kürze die Lebensgeschichte ihrer Mutter, »der stärksten, klügsten und liebevollsten Person, die ich je getroffen habe«. Wie sie den Erwartungen ihrer indischen Eltern trotzte und aus Liebe in Kalifornien blieb. »Für mich hat das immer verkörpert, was es bedeutet, Kalifornierin zu sein: sein Schicksal selbst in die Hand zu nehmen, unaufhaltsam nach vorne zu schauen und den Mut zu haben, jeden Tag Veränderungen in deinem Leben anzunehmen.«

Kamala Harris ist die erste Frau, die erste Afroamerikanerin, die erste Südasiatin, die zur Justizministerin und Generalstaatsanwältin Kaliforniens aufsteigt. In den USA ist der »Attorney General« beides in Personalunion, in den Bundesstaaten ebenso wie auf Bundesebene. Noch dazu ist das Justizministerium in Kalifornien das zweitgrößte im Land, nur das der Bundesregierung in Washington, D.C. ist größer. Welche Probleme und welche Verantwortung damit einhergehen, bekommt sie ab dem ersten Tag im Amt zu spüren.

Im Jahr 2011 hat die schwere Finanz- und Immobilienkrise die USA immer noch fest im Griff. Über Jahre hinweg hatte sich eine Immobilienblase gebildet, im Zuge derer Banken Hypotheken an Privatpersonen vergeben hatten, die eigentlich gar nicht kreditwürdig waren. 2008 platzte diese gigantische Blase und riss die amerikanische Wirtschaft mit sich. Millionen von Amerikaner*innen verloren ihre Arbeitsplätze, die Immobilienpreise sanken ins Bodenlose – und doch saßen viele Bürger*innen auf riesigen Hypotheken, für deren Stundung sie weder einen Job hatten noch eine Immobilie, deren Marktwert dem Schuldenberg entsprochen hätte.

Viele Kunden bemühten sich um eine Refinanzierung und wurden dabei wiederum von den Banken reingelegt. Es kam zu Hunderttausenden Zwangsvollstreckungen im Land. Der »American Dream« vom Eigenheim wurde für viele zum Albtraum. Auch Kalifornien, mit 40 Millionen Einwohnern der bevölkerungsreichste Bundesstaat, steckt 2011 nach wie vor mitten in dieser Krise. Im »Golden State« finden die meisten Zwangsvollstreckungen statt: Zwischen dem vierten Quartal 2007, als die Immobilienkrise begann, und dem vierten Quartal 2011 verloren 785 000 Familien ihr Eigenheim. Als Harris ihr Amt als Generalstaatsanwältin annimmt, droht weiteren Hunderttausenden Hausbesitzern in Kalifornien die Zwangsräumung. Denn inzwischen haben etwa 30 Prozent aller Immobilien, die noch nicht abbezahlt waren, derart an Wert verloren, dass sie weniger wert sind als die Restschuld auf ihnen.

Die Verhandlungen mit den Banken laufen zu jenem Zeitpunkt bereits auf Hochtouren. Alle Generalstaatsanwälte der Bundesstaaten haben bereits ein Jahr zuvor mit dem Justizministerium in Washington eine Arbeitsgruppe gebildet und im Kollektiv mit fünf Großbanken zu verhandeln begonnen. Diese Verhandlungen nähern sich dem Ende, als Harris als Generalstaatsanwältin des bevölkerungsreichsten Bundesstaats neu zu der Runde stößt.

Den Banken werden unter anderem gesetzeswidrige Praktiken bei der Kreditrefinanzierung vorgeworfen, um Hausbesitzer in die Zwangsvollstreckung zu treiben. Kalifornien spielt eine Schlüsselrolle in den Verhandlungen, weil dort die meisten Streitfälle liegen. Die Banken sollen für ihr Verhalten eine Buße zahlen; umgekehrt wären für sie mit einer Einigung künftige Rechtsklagen in dieser Causa abgewendet.

Alle Beteiligten wollen einen jahrelangen Gerichtsprozess vermeiden und peilen eine schnelle Einigung an: Die Generalstaatsanwälte wollen ihren betroffenen Bürger*innen möglichst bald Hilfe bieten können, die Banken wollen den Reputationsschaden eines Rechtsstreits abwenden, und die Regierung Obama will mit Blick auf die Präsidentschaftswahl 2012 einen Sieg präsentieren können.

In ihren ersten neun Monaten im Amt arbeitet Harris gemeinsam mit der Arbeitsgruppe an einer Einigung. Sie bereist ganz Kalifornien, um mit betroffenen Immobilienbesitzern zu sprechen, und fliegt immer wieder nach Washington für die Verhandlungen. Die Banken unterbreiten der

Runde schließlich ein Angebot, welches Kalifornien bis zu vier Milliarden Dollar eintragen würde. Es klingt nach viel, doch was genau würde das für die Menschen in Kalifornien bedeuten? Harris engagiert eine externe Beratungsfirma. Diese kommt zu dem Ergebnis, dass die angebotene Summe nur ein Tropfen auf den heißen Stein wäre: Jedem betroffenen Kalifornier würden ein paar Tausend Dollar an Schulden erlassen, tatsächlich liegt die Hypothekenschuld aber im Schnitt bei 93 000 Dollar pro Familie. »Verglichen mit den Verheerungen, die sie angerichtet hatten, boten die Banken kaum mehr als ein paar Krümel an – keinesfalls genug, um den Schaden auch nur annähernd wiedergutzumachen«, schreibt Harris rückblickend.

Nur wenige Amtskollegen stehen hinter ihr und teilen die Ansicht, dass die gebotene Summe zu niedrig ist. Darunter ist der Generalstaatsanwalt aus Delaware, Beau Biden, der älteste Sohn des amtierenden Vizepräsidenten Joe Biden. Obwohl in Delaware kaum Bürger*innen von Zwangsvollstreckungen bedroht sind, schlägt sich Beau Biden auch öffentlich auf Harris' Seite. Harris und der junge Biden haben sich in den vergangenen Monaten privat angefreundet – sie sind im gleichen Alter, teilen viele Überzeugungen. Manchmal telefonieren sie mehrmals täglich miteinander. Harris' Mitarbeiter beschreiben die Beziehung zwischen den beiden als geschwisterlich.

Im Sommer 2011 schert der Generalstaatsanwalt aus New York aus den Kollektivverhandlungen aus, er will für den Bundesstaat einen eigenen Weg verfolgen. Alle Augen ruhen nun auf Harris. Sollte auch sie aus den Verhandlungen ausscheren, ist für alle eine außergerichtliche Einigung vom Tisch. Harris steht unter enormem Druck, als sie im September 2011 zu einem Treffen mit der Arbeitsgruppe und den Großbanken nach Washington fliegt. Die Regierung Obama und viele der anderen Generalstaatsanwälte erwarten von ihr, dass Kalifornien dem vorliegenden Vorschlag der Großbanken zustimmt. Harris hält den Betrag für zu gering. Doch jeden Tag, an dem es keine Einigung gibt, verlieren Menschen in Kalifornien ihr Zuhause.

Das Treffen in Washington läuft schlecht. Die Anwälte der Großbanken wollen Harris einschüchtern, sie wiederum fühlt sich von den Bankern nicht ernst genommen. Harris und ihr Team brechen das Treffen ab und fliegen zurück nach Kalifornien, um die Lage ein letztes Mal zu überdenken. Freunde und Berater warnen sie, sich mit den Banken anzulegen – diese könnten im nächsten Wahlkampf Millionen für Harris' Abwahl ausgeben. Auch das Bundesjustizministerium drängt sie, das Angebot anzunehmen.

Harris erinnert sich daran, wie ihre Mutter jahrelang auf ein Eigenheim gespart hatte und wie stolz sie war, als sie endlich das Geld für eine Anzahlung zusammen hatte; damals waren Kamala und Maya bereits in der High School. Harris denkt an den Kauf ihrer eigenen Wohnung in South of Market in San Francisco, daran, dass auch sie nicht jede Klausel des Hypothekenvertrags gelesen hatte. »Oft dachte ich an meine Mutter und fragte mich, was sie wohl getan hätte«, schreibt Harris in ihrer Biografie. »Sie hätte mir geraten, meinen Überzeugungen treu zu bleiben und auf mein Bauchgefühl zu hören.«

Nach tagelangen Diskussionen mit ihren Mitarbeiter*innen entschließt sie sich für den harten Weg: Am Freitag, dem 30. September 2011, veröffentlicht Harris nach Börsenschluss ein Schreiben an das Justizministerium in Washington und ihre demokratischen Amtskollegen, dass Kalifornien aus den Kollektivverhandlungen ausscheiden wird. In den nächsten Wochen steht sie unter enormem Druck. Sie versucht, die Großbanken in ihrem Angebot doch noch nach oben zu verhandeln. Hilfe bekommt sie von Beau Biden und den Generalstaatsanwältinnen in Massachusetts und dem benachbarten Nevada, das ebenfalls heftig von Zwangsräumungen betroffen ist. Doch im Januar 2012 droht die Lage endgültig zu eskalieren. Ihre Mitarbeiter*innen berichten Harris, dass den Anwälten der Großbank JP Morgan Chase, einer der Akteure in den Verhandlungen, der Geduldsfaden gerissen sei und die Bank nun die Verhandlungen einstellen wollte. Harris bittet ihre Assistentin, den CEO von JP Morgan Chase, Jamie Dimon, ans Telefon zu holen; sie will nun direkt mit ihm reden statt nur über seine Anwälte. »Ich nahm meine Ohrringe ab (die Oaklanderin in mir) und den Hörer in die Hand«, erinnert sich Harris. »Er schrie mich als Erstes an: ›Sie versuchen meine Aktionäre zu bestehlen!‹ Ich schrie zurück: ›Ihre Aktionäre? Ihre Aktionäre? Meine Aktionäre sind die Hausbesitzer Kaliforniens!‹« Harris schafft es schließlich, ihm ihre Forderungen darzulegen. Am Ende des Telefonats verspricht Dimon, mit seinen Verwaltungsräten zu sprechen.

Zwei Wochen nach dem Telefonat machen die Großbanken tatsächlich ein neues Angebot, und was für eines: Statt bis zu vier Milliarden Dollar bieten sie Kalifornien nun achtzehn Milliarden, woraus letztendlich sogar zwanzig

Milliarden Dollar werden. Unter diesen Bedingungen unterschreibt Harris die landesweite Einigung. Sie hat das Pokerspiel gewonnen. Der Showdown mit den Großbanken wird zu einem ihrer größten politischen Erfolge.

Zusätzlich zu der Geldbuße müssen die Großbanken einer Reihe von Reformen zustimmen, die es Hausbesitzern vereinfachen sollen, eine drohende Zwangsvollstreckung abzuwenden. Im kalifornischen Parlament begleitet Harris im gleichen Jahr eine umfassende Reform, die Hausbesitzern den bis dato landesweit am weitesten reichenden Schutz vor den Zwangsräumungstaktiken der Banken bietet. In der Folge sinkt die Zahl der Zwangsräumungen im »Golden State« massiv.

Bei genauerem Hinsehen hat die großzügige Einigung jedoch einen Schönheitsfehler. Von den 20 Milliarden Dollar werden rund 14 Milliarden Dollar dafür verwendet, um die Kredite von solchen Bürger*innen abzuzahlen, die auch nach der Zwangsvollstreckung der Häuser noch eine Restschuld hatten, weil die Immobilien inzwischen so stark an Marktwert verloren hatten; sowie die Schulden von Menschen, die inzwischen eine zweite Hypothek aufgenommen hatten. »Damit floss letzten Endes ein Großteil des Bußgeldes an die Banken zurück und sie bekamen Gelder wieder, die sie ohnehin schon verloren geglaubt hatten«, sagt Bruce Marks, Gründer der ehrenamtlichen Organisation Neighborhood Assistance Corporation of America. Angesichts der anhaltenden Wirtschaftskrise im Land und des Verlusts von Arbeitsplätzen entschieden sich nämlich viele Kalifornier, lieber ihr Haus aufzugeben und damit auch ihre Restschulden loszuwerden, statt weiterhin einen Kredit abzahlen zu müssen, um ihr Haus behalten zu dürfen. Der Traum vom Eigenheim endete also für viele dennoch.

Einzelne Kritiker, vor allem am linken Rand der Demokratischen Partei, finden bis heute, Harris hätte noch mehr für die Bürger*innen heraushandeln können. Sie bemängeln auch, dass kein Banker für das entstandene Unrecht ins Gefängnis gehen musste – ein Versprechen, das Harris einst gegeben hatte.

Die linke Senatorin Elizabeth Warren aus Massachusetts verteidigt Harris hingegen bis heute vehement. Warren baute damals für die Regierung Obama eine Konsumentenschutzbehörde für Finanzfragen auf; acht Jahre später wurde sie Harris' Konkurrentin im Rennen um die demokratische Präsidentschaftskandidatur. Viele andere Generalstaatsanwälte hätten Harris damals unter Druck gesetzt, jedes Angebot der Banken anzunehmen, sagte Warren. Harris sei jedoch die Einzige gewesen, die das Rückgrat gehabt habe zu sagen: »Wir müssen mehr erreichen.«

Eine weitere Beziehung aus dieser Zeit wird Harris' Weg entscheidend prägen – die zu Beau Biden. Ein Jahr nach der Einigung mit den Banken, Anfang 2013, besucht der damalige Vizepräsident Joe Biden das Jahrestreffen der Generalstaatsanwälte, wo er eine Rede halten soll. Beau Biden führt seinen Vater durch den Raum und stellt ihm seine Amtskolleg*innen vor. Als er bei Harris ankommt, sagt er: »Das ist Kamala!« So, als sehe der Vater nun endlich das Gesicht zu den vielen Geschichten, die er schon über Harris gehört habe.

Als Joe Biden sieben Jahre später, im Sommer 2020, Kamala Harris zu seiner Partnerin im Präsidentschaftsrennen auswählt, begründet er das auch mit der Freundschaft zwi-

schen ihr und Beau, der inzwischen verstorben ist. »Ich lernte Kamala durch meinen Sohn kennen«, sagt er in seiner Rede. »Ich weiß, wie sehr Beau sie und ihre Arbeit respektierte.
Und das war mir sehr wichtig, als ich meine Entscheidung
traf.«

Die Verhandlungen mit den Großbanken wird sich Harris in den folgenden Jahren immer wieder auf die Wahl-
kampffahnen schreiben als Beweis dafür, was sie für die
Bürger*innen erreicht habe. Doch in ihrer Zeit als Generalstaatsanwältin sorgt sie auch für einige Kontroversen, die sie
bis heute erklären muss. Umstritten ist etwa ihr Vorgehen
gegen Schulschwänzer. In Kalifornien besteht für Kinder
von sechs bis achtzehn Jahren eine Schulpflicht, und gegen
Eltern, deren Kinder häufiger schwänzen, können – wie
auch in anderen Bundesstaaten – Bußen verhängt werden.
Harris hatte bereits als Bezirksstaatsanwältin einen Zusam-
menhang zwischen Schulschwänzen und öffentlicher Sicherheit gesehen. »Landesweit brechen 75 Prozent aller
schwänzenden Kinder irgendwann die Schule ganz ab«,
hieß es in einer Broschüre, die ihr Büro 2010 verteilte.
»Und zwei Drittel aller Gefängnisinsassen in den USA haben die Schule abgebrochen. Wir können uns entweder
jetzt des Problems annehmen – oder später den Preis dafür
zahlen.« Gespräche mit dem Schulbezirk von San Francisco
hätten ihr gezeigt, dass 40 Prozent der sogenannten regel-
mäßigen Schulschwänzer Grundschüler seien, sie also 50,
60, manche gar 80 Tage im 180 Tage zählenden Schuljahr
verpassten. Die Lernforschung habe jedoch nachgewiesen,
dass Schüler*innen, die bis zur dritten Klasse kein richtiges
Leseverständnis erlernt hätten, immer weiter zurückfallen.

Als Bezirksstaatsanwältin arbeitet sie mit dem Schulbezirk zusammen, um regelmäßige Schulschwänzer ausfindig zu machen, und schickt deren Eltern Warnbriefe nach Hause. Zudem richtet sie eigene Gerichte für diese Eltern ein und sorgt dafür, dass die Schulbeamten an den Fällen dranbleiben. Allein im Jahr 2008 erhebt ihr Büro Klage gegen 20 Eltern, ins Gefängnis muss allerdings niemand.

2010, während sie selbst für das Amt der Justizministerin Kaliforniens kandidiert, unterstützt sie ein strenges, bundesstaatweites Gesetz, das den Eltern regelmäßig schwänzender Kinder Haftstrafen androht und sich an ihrer eigenen Initiative aus San Francisco orientiert. Das Gesetz tritt just dann in Kraft, als Harris Anfang 2011 als Justizministerin vereidigt wird. Schon in ihrer Amtsantrittsrede macht sie klar, wie wichtig sie das neue Gesetz nimmt: »Wir warnen die Eltern: Wenn Sie in Ihrer Verantwortung für die Kinder versagen, werden wir dafür sorgen, dass Sie die gesamte Kraft des Gesetzes zu spüren bekommen.« Ihre Initiative in San Francisco sei ein voller Erfolg gewesen: Das Schulschwänzen sei um 32 Prozent gesunken.

Konkret drohen nun Eltern in ganz Kalifornien schärfere strafrechtliche Konsequenzen, wenn ihre Kinder mehr als zehn Prozent der Schultage ohne triftigen Grund verpassen: eine Buße von bis zu 2000 Dollar, ein Jahr Gefängnis oder beides. In mehreren Gemeinden landen Dutzende Eltern in den nächsten Jahren tatsächlich im Gefängnis. Damit sind aber nicht die zugrundeliegenden Probleme gelöst – etwa Obdachlosigkeit, Armut oder chronische Krankheit bei den Kindern. In manchen Fällen werden die Probleme der Eltern noch verschärft, weil mit der Haftstrafe ein

Eintrag ins Strafregister einhergeht. Auch träfen die Sanktionen vor allem afroamerikanische und indigene Eltern, sagt die Reporterin Molly Redden, weil diese am ehesten unter Armut litten und ihnen zuverlässige Transportmittel fehlten. Redden beschrieb für die »Huffington Post« 2019 den Fall einer Mutter in Südkalifornien, die verhaftet wurde, weil ihre Tochter wegen einer schweren Erbkrankheit immer wieder Unterricht verpasst hatte. Nur mit einem jahrelangen Rechtsstreit konnte die Mutter eine Haftstrafe abwenden. »Wenn man das Strafrechtssystem nutzt, um soziale Probleme zu lösen, kriminalisiert man die Betroffenen. Egal, wie gut die Absichten waren.«

Hinzu kommt, dass Privatschüler von der Anwesenheitspflicht in Kalifornien ausgenommen sind. Eltern, die wohlhabend genug sind, um ihre Kinder an eine Privatschule zu schicken, müssen somit keine Strafen durch das neue Gesetz fürchten. In Kalifornien besuchen etwa 7,5 Prozent aller schulpflichtigen Kinder solche Einrichtungen, die große Mehrheit von ihnen ist weiß.

Immer wieder erntet Harris Kritik für das Gesetz, doch jahrelang verteidigt sie es vehement. Noch 2013 pries sie es als »Kombination von wichtigen Hilfen und klugen Sanktionen«. Erst im Jahr 2019, als sie Präsidentschaftskandidatin ist, gesteht sie Schwachstellen ein. Die Haftstrafen für Eltern seien »unbeabsichtigte Konsequenzen« gewesen, behauptet sie in einem Interview. Sie habe mit dem Gesetz vor allem Eltern dazu ermahnen wollen, mehr Verantwortung zu übernehmen, und niemanden wirklich ins Gefängnis bringen wollen. »Mit Bedauern habe ich inzwischen Geschichten gehört von einigen Bezirksstaatsanwälten, welche die Eltern kriminalisiert haben. Und ich bedaure, dass das passiert ist«, sagte sie in einem Interview. »Das war nie die Absicht.«

Die Entschuldigungen wirken fadenscheinig, wenn man sich vergegenwärtigt, dass ihr eigenes Justizministerium die Bezirksstaatsanwälte dabei beriet, in welchen Fällen sie Anklage erheben sollten. In Berichten von Harris' Justizministerium wurden auch explizit Beispiele von Eltern genannt, die ins Gefängnis mussten. Es ist ein typisches Beispiel dafür, wie Harris später als Präsidentschaftskandidatin versucht, ihre früheren, aus heutiger Sicht kontroversen Entscheidungen schönzureden, weil sich inzwischen der Zeitgeist geändert hat.

Ein weiteres Beispiel ist Harris' Haltung beim Thema Marihuana. Als Generalstaatsanwältin von Kalifornien klagt sie Tausende Personen wegen Marihuana-Besitzes aus nicht-medizinischen Gründen an. Viele landen dafür hinter Gittern. Schon als Bezirksstaatsanwältin hatte sie im Jahr 2010 ein Volksreferendum abgelehnt, das den freizeitlichen Konsum von Marihuana in Kalifornien erlauben soll. Für sie ist ein solcher Vorschlag »fehlgeleitete Politik«. Als die Bürger*innen den Vorschlag 2014 erneut an die Urne bringen, weigert sich Harris, Position zu beziehen. Als ein Reporter sie fragt, ob sie selbst schon einmal gekifft habe, lacht sie nur schrill auf. Jahre später wird sie zugeben, dass auch sie schon mal high war. Erst 2018, als Senatorin, unterstützt sie die Legalisierung von Marihuana auf Bundesebene – zu einem Zeitpunkt also, als diese Haltung kaum mehr kontrovers war. Was ihre eigene Überzeugung bei dem Thema ist, bleibt offen.

Kritiker halten Harris auch vor, dass sie zwar als Bezirks-staatsanwältin von San Francisco nie die Todesstrafe forder-te, selbst für den Mörder des Polizisten Espinoza nicht – dass sie aber als Generalstaatsanwältin von Kalifornien die Todesstrafe vor Gericht immer wieder verteidigte. Das recht-fertigt Harris damit, dass es als Generalstaatsanwältin ihre Pflicht gewesen sei, die bestehenden Gesetze hochzuhal-ten – auch wenn sie persönlich anderer Auffassung war. Auch ihr Amtsvorgänger Jerry Brown, ein klarer Gegner der Todesstrafe, habe sich als Generalstaatsanwalt so ver-halten.

Fadenscheinig wirkt diese Erklärung dennoch, weil Har-ris sich bei anderen politisch opportunen Themen weigerte, geltendes kalifornisches Recht zu verteidigen – vor allem bei der gleichgeschlechtlichen Ehe. Auch dies ist ein Sieg, den sie sich bis heute auf die Fahnen schreibt.

Harris' Heimat San Francisco ist zwar seit Jahrzehnten das Zentrum der Homosexuellen- und Transsexuellen-Be-wegung in den USA, doch große Teile Kaliforniens sind deutlich konservativer. Sie wehrten sich jahrelang gegen die gleichgeschlechtliche Ehe. Besonders erfolgreich waren die Gegner im Jahr 2008, als ein Gesetz die Regeln für die Eheschließung zunächst lockerte. Konservative Gruppen schafften es, dass einige Monate später eine Mehrheit der Kalifornier einem Verfassungszusatz zustimmte, der homo-sexuellen Paaren die Eheschließung wieder verbot.

Die einzige Möglichkeit, diesen per Volksreferendum angenommenen Verfassungszusatz noch einmal aufzuhe-ben, waren Klagen vor Bundesgerichten. Tatsächlich klagte kurz darauf eine Bürgerrechtsorganisation im Auftrag von zwei homosexuellen Paaren gegen den Bundesstaat Kalifornien. Sie argumentierte, der neue Zusatz verstoße gegen die amerikanische Verfassung, welche die Ehe als Grundrecht garantiere.

Der Streit zog sich jahrelang durch die Instanzen. Es war ein juristisches Tauziehen, unter dem homosexuelle Paare massiv litten. Als Kamala Harris 2011 Generalstaatsanwältin von Kalifornien wurde, weigerte sie sich, wie schon ihr Amtsvorgänger Jerry Brown, den umstrittenen Verfassungszusatz vor Gericht zu verteidigen. Die Idee dahinter war einfach: Wenn der Justizminister das Gesetz nicht stellvertretend für den kalifornischen Staat verteidigte, würde es letzten Endes gekippt werden müssen.

Tatsächlich ging die Rechnung auf. Einzig eine Gruppe Konservativer hatte versucht, den Verfassungszusatz bis in die höchste Instanz zu verteidigen. Doch der Supreme Court hielt letzten Endes fest, dass die Kläger ja gar keine betroffene Partei seien und ihre Beschwerde damit hinfällig.

Im Jahr 2013 gab das Oberste Gericht in Washington dann endgültig grünes Licht für die gleichgeschlechtliche Ehe in Kalifornien. Harris traute in den folgenden Tagen einige der ersten Paare im Rathaus von San Francisco persönlich. Zwei Jahre später erklärte das gleiche Gericht auch in allen anderen Bundesstaaten die Ehe für Homosexuelle als rechtsgültig. Es war ein Meilenstein in der amerikanischen Geschichte.

Sosehr Harris für ihr Einstehen für die gleichgeschlechtliche Ehe gefeiert wird – auf die gleiche Weise hätte sie sich auch weigern können, die Todesstrafe vor Gericht zu verteidigen. So sehen es zumindest ihre Kritiker. Ein Unterschied dürfte gewesen sein, dass die gleichgeschlechtliche Ehe in Kalifornien – insbesondere in Harris' Heimat San Francisco – breite Unterstützung hatte, während die Todesstrafe als Strafmaß in der Bevölkerung nach wie vor sehr umstritten ist.

Einige Monate nachdem die gleichgeschlechtliche Ehe in Kalifornien erlaubt wurde, gewinnt Harris ihre Wiederwahl zur Generalstaatsanwältin im Jahr 2014 deutlich. Mit 15 Prozentpunkten Vorsprung setzt sie sich gegen den Republikaner Ronald Gold durch, der interessanterweise versuchte, sie von links zu überholen: Er sprach sich für die Legalisierung von Marihuana und gegen die Todesstrafe aus. Einmal mehr zeigte sich, dass Kaliforniens Wähler konservativer sind, als viele gemeinhin denken.

Ihr Sieg befeuert die Spekulationen über Harris' künftige politische Karriere. Beobachtern ist klar, dass Kalifornien nicht ihre Endstation sein würde. Manche mutmaßen, die Regierung Obama könnte sie bei der nächsten Vakanz am Supreme Court als Oberste Richterin nominieren; andere sehen sie als künftige Gouverneurin von Kalifornien. Harris selbst habe sich nie zu ihren politischen Ambitionen geäußert, erzählt ihr früherer Wahlkampfmanager Brian Brokaw im Gespräch. »Sie ist extrem abergläubisch, sie würde so etwas nie laut sagen.« In jener Zeit habe sie mal jemand im Scherz gefragt, ob sie nicht Präsidentin werden wolle, erinnert sich Brokaw. »Sie meinte, ›nein, ich will nicht Präsidentin werden. Aber Vizepräsidentin? Das klingt ziemlich gut.‹« Es sei damals nur als Witz gemeint gewesen.

Als 2014 der Justizminister der Regierung Obama, Eric

Holder, zurücktritt, ruft er Harris an und fragt sie, ob sie sich vorstellen könne, seine Nachfolgerin zu werden. Wenige Monate zuvor hatte Präsident Obama mit einem Kompliment an Harris für Schlagzeilen gesorgt: Bei einer Spendenveranstaltung in San Francisco hatte er gesagt, »sie ist großartig und engagiert und zäh. Zufälligerweise ist sie auch die mit Abstand am besten aussehende Generalstaatsanwältin im Land.« Als die Menge anfing zu lachen, legte Obama nach: »Ach kommt schon, es stimmt doch!« Die Kommentare sorgten für Schlagzeilen, Kritiker unterstellten dem Präsidenten Sexismus. Obama entschuldigte sich einige Tage später öffentlich und bei Harris selbst während eines Telefonats.

Die dürfte sich kaum daran gestört haben. Doch einen Posten in der Regierung Obama will Harris nicht annehmen und sagt Holder ab – einige Reformen in Kalifornien müssten noch zu Ende gebracht werden. Womöglich gründet ihre Absage aber auch darin, dass sie in jenen Tagen anderes im Kopf hat als einen neuen Job in Washington. Sie ist heftig verliebt und plant gerade ihre Hochzeit.

# 4

## Familienbande

Beruflich geht es für Kamala Harris mit Riesenschritten voran – auch auf Kosten ihres Privatlebens. »Als alleinstehende und berufstätige Mittvierzigerin, die im Licht der Öffentlichkeit stand, war es für mich gar nicht so einfach, Männer kennenzulernen«, gibt Harris zu. Jeder Mann, mit dem sie einen Anlass besuche, werde für einen Liebhaber gehalten. »Mir war nicht daran gelegen, diese Neugierde zu wecken, solange es sich nicht um eine feste Beziehung handelte, weshalb ich mein Privatleben jahrelang streng abgeschirmt hatte.«

Harris' Freundinnen erzählen, wie einsam sie manchmal gewesen sei. Sie halten die Augen offen nach dem richtigen Mann – allen voran ihre beste Freundin Chrisette Hudlin, die in Los Angeles lebt. Und manchmal wählt das Schicksal interessante Wege: Hudlins Ehemann ist der oscarnominierte Filmregisseur Reginald Hudlin. Als die beiden 2013 ein juristisches Problem haben, suchen sie sich Hilfe bei einem auf Unterhaltungsrecht spezialisierten Anwalt namens Doug Emhoff. Die drei treffen sich in seiner Kanzlei. »Zu Beginn sah ich ihn einfach als Anwalt«, erinnert sich Chrisette Hudlin, »aber am Ende unseres Treffens mochte ich ihn als Menschen. Und so was passiert nicht oft.« Sie sagt Emhoff geradezu, dass sie ihn gern mit einer Freundin verkuppeln würde – Kamala Harris. Emhoff ist verblüfft,

»die Justizministerin Kamala Harris?«. Ihm rutscht heraus: »Wow, die ist attraktiv!« »Er hat ihr ein Kompliment gemacht und sie gleichzeitig bewundert, und ich mochte das«, sagt Hudlin rückblickend. Sie gibt ihm Harris' Telefonnummer.

Später ruft Chrisette Hudlin ihre Freundin an und warnt sie vor. »Er ist süß und Partner in einer Anwaltskanzlei. Ich glaube, du wirst ihn wirklich mögen. Er lebt zwar in Los Angeles, aber du bist ja ohnehin dauernd für die Arbeit hier. Vertrau mir!« Harris weiß aus Erfahrung, dass es sinnlos wäre, mit ihrer Freundin zu streiten. Hudlin bittet Harris noch, Emhoff nicht zu googeln, sondern ganz unvoreingenommen zu bleiben. Jahre später, bei einem gemeinsamen Interview mit dem Fernsehsender CBS, wird Harris dann lachend beichten, dass sie seinen Namen doch in die Suchmaschine eingegeben hatte.

Auch der nette Anwalt in Los Angeles ist nervös. Douglas Craig Emhoff ist auf den Tag genau eine Woche älter als Kamala Harris. Er stammt aus Brooklyn und wuchs als mittleres von drei Kindern in einer jüdischen Familie in New Jersey auf. Einer seiner ersten Jobs war bei McDonalds, wo er einmal Mitarbeiter des Monats wurde. Mit siebzehn Jahren zog Emhoff mit seinen Eltern nach Kalifornien und studierte erst Kommunikationswissenschaften und dann Jura in Los Angeles. Passend zur dortigen Industrie spezialisierte er sich auf Unterhaltungsrecht. Mit Mitte dreißig gründete er eine eigene Kanzlei, die 2006 von einer Großkanzlei aufgekauft wurde, für die er seitdem arbeitete.

In Los Angeles lernte Emhoff auch seine erste Frau kennen: Kerstin Mackin, angehende Filmproduzentin. Die beiden heirateten und bekamen zwei Kinder. Doch nach sechzehn Jahren Ehe ließen sie sich 2008 scheiden und teilten sich von nun an das Sorgerecht für Cole und Ella, damals vierzehn und neun Jahre alt.

Als Doug Emhoff fünf Jahre später die Nummer von Kamala Harris in den Händen hält, ist er verunsichert; sie ist schließlich die kalifornische Justizministerin. Am gleichen Abend besucht er mit einem Freund ein Basketball-Spiel der Los Angeles Lakers. Nach ein paar Bier formuliert er mit seinem Kumpel eine Textnachricht und schickt sie an Harris. »Hey! Ich bin's, Doug. Wollte einfach Hallo sagen! Ich bin auf dem Lakers-Spiel.« Harris antwortet, ebenfalls etwas verlegen: »Go Lakers!« Tatsächlich ist sie ein riesiger Fan des Basketball-Teams aus ihrer Heimatstadt Oakland, der Golden State Warriors.

Die beiden verabreden sich für ein Telefonat am nächsten Tag. Emhoff kann es kaum abwarten und greift schon morgens um halb neun zum Hörer. Harris ist da wie fast jeden Morgen im Fitnessstudio und hört den Anruf nicht, deshalb hinterlässt Emhoff ihr eine Sprachnachricht. Bis zum heutigen Tag hat Harris die Nachricht aufgehoben, jedes Jahr an ihrem Jubiläumstag spielt sie ihm diese vor. Offenbar war die Nachricht ausufernd und schwafelnd. Auch Emhoff ist klar, dass das, was er auf den Anrufbeantworter gefaselt hat, peinlich war. Erst will er eine zweite Nachricht hinterlassen und sich für die erste entschuldigen, besinnt sich dann aber eines Besseren. Er ist sicher, dass er nie wieder von Harris hören wird.

Tatsächlich hätte Harris den Kerl mit der komischen Sprachnachricht vielleicht nie zurückgerufen, wie sie selbst zugibt – wäre nicht just an jenem Tag ein Termin bei ihr geplatzt, für den sie über Mittag eine Stunde in ihrem Kalender blockiert hatte. Sie ruft Emhoff zurück und die beiden quatschen fast eine ganze Stunde am Telefon. Sie sind sich sofort symphatisch. »Natürlich taten wir beide unser Bestes, um besonders witzig zu klingen, aber ich erinnere mich daran, wie wir uns gegenseitig zum Lachen brachten und über uns selbst lachten, so wie wir das heute immer noch tun« sagt Harris rückblickend.

Harris' Interesse ist geweckt. Die beiden wollen am folgenden Samstag in Los Angeles gemeinsam zum Abendessen ausgehen. Harris schlägt vor, dass er sie abholt. »Okay«, willigt er ein, »aber du musst wissen, dass ich kein besonders guter Fahrer bin.« Diese Ehrlichkeit ist eine Eigenschaft, die Harris bis heute an ihrem Mann schätzt: »Doug kannte keine Angeberei und keine Arroganz. Er schien sich in seiner Haut wohlzufühlen. Das gefiel mir sofort an ihm.« Es sei ein wunderbarer Abend gewesen, erinnert sich Emhoff später.

Am Morgen nach ihrem ersten Date mailt er Harris seine Verfügbarkeiten für die nächsten vier Monate. »Ich bin zu alt für Spielchen. Du gefällst mir, und ich will sehen, ob wir das nicht hinkriegen. Ich mag dich echt und ich will schauen, ob wir das mit uns irgendwie hinbekommen.«

Am Ende der Woche sehen die beiden sich wieder, und für das dritte Date fliegt Emhoff extra in die kalifornische Hauptstadt Sacramento zum Abendessen, wo Harris ihr Büro hat. »Danach wussten wir, dass es ernst war«, schreibt Harris.

Doch Emhoff hat auch zwei Kinder, und ihm ist wichtig,

dass auch die sich mit seiner neuen Partnerin gut verstehen. Am liebsten hätte er ihnen Harris schon nach dem ersten Treffen vorgestellt. Ella (benannt nach der Jazz-Sängerin Ella Fitzgerald) besucht gerade die Mittelschule. Cole (benannt nach dem Saxofon-Spieler John Coltrane) ist in der High-School. Harris wehrt jedoch ab – sie will sich sicher sein, dass die Beziehung tatsächlich funktioniert und etwas Langfristiges ist, bevor sie das Leben seiner Kinder aufwirbelt.

Selbst ein Scheidungskind, weiß sie zu gut, wie schwierig es sein kann, wenn die Eltern auf einmal neue Partner suchen. Und auch wenn sie keine leiblichen Kinder hat, spielt die Familie in ihrem Leben eine große Rolle. Nach dem Tod der Mutter besteht diese für Harris vor allem aus ihrer Schwester Maya und deren Mann und Tochter. Maya Harris wurde während ihres letzten Jahres in der High-School schwanger. Hintergründe dazu und wer der Vater ist, teilt die Familie nicht mit der Öffentlichkeit. 1984, mit siebzehn Jahren, brachte Maya Harris ihre Tochter Meena zur Welt – am 20. Oktober, also just am gleichen Tag, an dem Kamala Harris Geburtstag hat. Während Maya Harris die Schule abschloss, das Bachelorstudium in Berkeley absolvierte und schließlich wie ihre Schwester Jura studierte, war sie alleinerziehende Mutter – doch Shyamala Gopalan half kräftig dabei, Meena großzuziehen.

Auf Instagram veröffentlichte Meena Harris einmal ein Foto der vier Frauen und schrieb darunter: »Ganz lange war das meine kleine Familie: meine Mutter, meine Oma, meine Tante. Ich mache manchmal Witze, dass unser Haushalt wie die Eröffnungsszene in einem Wonder-Women-

Film aussah – wo großartige Frauen eine rein weibliche Insel regieren und einander zum Erfolg verhelfen. Als Kind kannte ich nichts anderes.«

Auch Kamala Harris half wann immer möglich ihrer Schwester dabei, Meena großzuziehen, etwa als es darum ging, sie von der Windel zum Töpfchen umzugewöhnen. »Meine Oma und meine Tante waren wie zweite Mütter für mich«, sagt die Nichte rückblickend.

Meena Harris ist es, die ihrer alleinstehenden Mutter deren künftigen Mann vorstellt. Als Maya Harris ihr Jurastudium an der Stanford University in der kalifornischen Bay Area beginnt, bringt sie am ersten Unitag ihre Tochter Meena mit auf den Campus. Die fängt an, mit einem der Studenten Verstecken zu spielen, und stellt die Mutter dem jungen Mann vor. Dieser heißt Tony West und die beiden werden gute Freunde – bevor sie Jahre später ein Paar werden. »Wir scherzen immer, dass Meena lange vor uns wusste, dass wir zusammengehören«, sagt Maya Harris.

Vor dem Hintergrund von Kamala Harris' politischem Erfolg wird schnell vergessen, wie erfolgreich auch der Rest ihrer Familie ist. Ihre Schwester Maya leitete das nordkalifornische Büro der einflussreichen afroamerikanischen Bürgerrechtsorganisation ACLU, hatte eine Führungsposition bei der Ford-Stiftung inne und wechselte später als ranghohe Beraterin (Senior Advisor) in den Wahlkampfstab von Hillary Clinton, als diese 2016 für die Präsidentschaft kandidierte.

Ihr Mann Tony West arbeitete Anfang der neunziger Jahre im Justizministerium unter Präsident Bill Clinton. Nach gescheiterten eigenen Versuchen in der kalifornischen

Lokalpolitik unterstützte er 2008 den Wahlkampf von Barack Obama. Obama holte West dann ins Justizministerium als Associate Attorney General, die dritthöchste Position im Ministerium. Im Jahr 2014 wechselte West in die Privatwirtschaft und ist heute Chefjurist beim Fahrdienstleister Uber. Diese Position dürfte durchaus zu manchen innerfamiliären Diskussionen geführt haben, weil sich Harris oft kritisch über den Umgang von Uber mit den Fahrer*innen äußert.

Auch Wests Stieftochter Meena arbeitete zeitweise bei Uber und verantwortete dort die Firmenstrategie. Inzwischen ist sie vor allem als erfolgreiche Unternehmerin mit ihrer Bekleidungsmarke »Phenomenal Woman« bekannt.

Jahrelang waren Maya, Tony, Meena und später deren Mann und deren beide Kinder die Großfamilie, in der Harris Rückhalt fand – und juristischen Rat. »Sogar im Wahlkampfwahnsinn hat sie nie den Blick dafür verloren, was wirklich wichtig ist«, sagte Doug Harris einmal über seine Frau. »Sie war immer für uns alle da: die Kinder, die kleinen Nichten, ihre Schwester, meine Eltern.«

Doch als sich im Jahr 2013 ihre Beziehung mit Doug Emhoff weiterentwickelt, wird Harris' Familie auf einen Schlag größer und bunter – inklusive zweier Stiefkinder. An dem Samstagabend, als Kamala Harris zum ersten Mal den Nachwuchs ihres neuen Partners kennenlernt, kauft sie auf dem Weg zum Haus der Emhoffs eine Dose Kekse als Begrüßungsgeschenk. Nervös überlegt sie die ganze Fahrt über, ob sie um die Keksdose noch eine Schleife binden soll oder nicht. Ihr ist wichtig, dass die Kinder einen guten Eindruck von ihr haben. Ella und Cole ist die Keksdose vermutlich egal. Sie dürfen das Restaurant an dem Abend aussuchen und entscheiden sich für eine Imbissbude mit frischem Fisch und Meeresfrüchten. Auf der Autofahrt unterhalten sich die vier, schnell handelt das Gespräch von Musik – und kurz darauf singen alle im Auto Karaoke. Nach dem Abendessen laden Cole und Ella spontan ihren Vater und Harris ein, eine Ausstellung in ihrer Schule zu besuchen, und stellen die neue Freundin des Vaters ihren Mitschülern vor. Nach einem Abend ist klar: Die Kinder und Harris verstehen sich wunderbar. Auch mit Emhoffs Exfrau Kerstin freundet sich Harris in den kommenden Monaten an. »Als Doug anfing, mit Kamala auszugehen und sie Justizministerin Kaliforniens war, dachte ich mir: ›Wow, das ist cool. Vermassle das nicht!‹« An den Wochenenden besuchen Harris und Kerstin Emhoff bald Ellas Schwimm- und Basketballwettbewerbe. Die beiden Frauen machen sich einen Spaß daraus, sie lautstark von den Zuschauerrängen aus anzufeuern und sie vor ihren Freundinnen in Verlegenheit zu bringen.

Nach rund einem halben Jahr bringt Harris ihren neuen Freund auch mit zu öffentlichen Auftritten als Justizministerin und stellt ihn den Mitarbeiter*innen vor. Die teilen die Zeitrechnung in Harris' Leben bald in ein »vor und nach Doug« ein. Sie mögen es, wie sehr der neue Mann ihre Chefin zum Lachen bringt. Auch Harris liebt seinen Humor. Die Mutter hatte ihr und Maya immer geraten: »Das Leben ist hart genug. Findet einen Lebenspartner, der euch zum Lachen bringt.«

Dass die beiden unterschiedliche Hautfarben haben, ändert auch Emhoffs Blick auf die Welt. Er erzählt in Interviews, dass er als weißer, jüdischer Mann auf einmal begonnen habe zu realisieren, welche Privilegien er genieße – etwa, wenn er sorglos durch die Kontrollen am Flughafen spaziert und mit den Sicherheitskräften scherzt. Harris weise ihn auf solche Interaktionen hin und sage zu ihm: »Dir ist schon klar, dass das nicht passiert wäre, wenn du nicht ein weißer Mann wärst?«

Ein paar Monate später planen die beiden einen romantischen Urlaub in Florenz für Ende März 2014. Am Abend vor der Abreise fliegt Emhoff nach San Francisco und fährt zu Harris' Wohnung. Die wiederum kommt gerade erst von einer Dienstreise nach Mexiko zurück und ist im Packstress. Sie beschließen, zum Abendessen nicht auszugehen, sondern etwas nach Hause zu bestellen. Als Harris gerade über der Speisekarte mit thailändischen Gerichten grübelt, sagt Emhoff auf einmal zu ihr: »Ich möchte mein Leben mit dir verbringen.« Als Harris aufblickt, kniet Emhoff mit einem Ring in der Hand vor ihr. Eigentlich hatte er sie vor der mittelalterlichen Steinbrücke Ponte Vecchio in Florenz um ihre Hand bitten wollen. Doch sobald er den Ring hatte, konnte er nicht mehr warten. Harris bricht in Tränen aus, wie sie selbst schreibt: »Die Wimperntusche lief mir in Strömen übers Gesicht.«

Nach der Verlobung führt Harris in ihrer neuen Familie eine Tradition ein: Jeden Sonntag gibt es ein großes gemeinsames Abendessen. Freunde und Verwandte sind jederzeit eingeladen, aber am Termin selbst wird nicht gerüttelt. Bis dahin war Doug Emhoff nicht gerade ein begeisterter Koch – über Internetinserate hätte ihr Vater von fremden Leuten hausgekochtes Essen bestellt, erzählen die Kinder.

Harris bringt in die Familie Emhoff die Leidenschaft fürs Kochen ein, die sie einst von ihrer Mutter übernommen hatte – und die Überzeugung, dass eine gute Mahlzeit die ganze Familie vereint. Bald schon hat jeder beim Sonntagsessen seine feste Rolle: Cole deckt den Tisch und wählt die Musik aus. Ella macht Vorspeisen und Nachtisch. Emhoff schnippelt die Zutaten. Harris übernimmt den Hauptgang – mal ein gestopftes Hühnchen mit Zitrone und Oregano, mal Biryani, ein indisches Reisgericht, mal Spaghetti Bolognese.

»Zu sagen, dass Kamala Kochen liebt, wäre eine Untertreibung«, sagt Emhoff über seine Frau. »Es verbindet sie mit so vielen Dingen. Essen ist Familie, und Familie ist Essen.« Kochen sei Harris' Methode, um Stress abzubauen und zu entspannen, erzählt auch ihre Freundin Debbie Mesloh im Gespräch. »Sie blättert durch Kochbücher, belegt Kurse, es macht ihr wirklich Spaß.« Nach jedem Wahlkampf habe sie für das ganze Team ein großes Essen gekocht.

»Ich weiß, dass nicht alle Menschen gerne kochen, aber mich erdet es«, sagt auch Harris selbst. »Solange ich sonntags das Mittagessen zubereite, weiß ich, dass ich mein Leben im Griff habe – ich tue etwas, das geliebten Menschen wichtig ist und das uns zusammenbringt.«

Fünf Monate nach ihrer Verlobung, Ende August 2014, und wenige Monate vor ihrer beider 50. Geburtstag, heiraten Kamala Harris und Doug Emhoff. Die Trauung findet im Gerichtsgebäude der südkalifornischen Küstenstadt Santa Barbara statt. Harris trägt ein langärmeliges Kleid, teils goldfarben, teils transparent, Emhoff einen dunkelblauen Anzug mit Fliege. Wie in den USA üblich, führt nicht ein Standesbeamter die Trauung durch, sondern ein enger Freund des Paares – in dem Fall Harris' Schwester Maya. Ein Cellist spielt Musik. Harris' Nichte Meena liest ein Gedicht der afroamerikanischen Dichterin Maya Angelou vor. In Einklang mit Emhoffs jüdischem Glauben zertritt das Paar am Ende ein Glas, entsprechend Harris' indischen Wurzeln bekommt der Bräutigam eine Blumenkette umgehängt. Es ist kein pompöses Fest, nur die engsten Freunde und Verwandten sind eingeladen. Flitterwochen machen sie keine.

Als Spitznamen für ihre Stiefmutter schlagen Emhoffs Kinder »Momala« vor, eine Mischung aus Mom und Kamala. »Wir machen manchmal Witze, dass unsere moderne Familie fast schon zu gut funktioniert«, sagt Harris. Eine Staatsanwältin in der Familie zu haben, kann jedoch für Teenager auch Nachteile mit sich bringen. In einem Interview mit der »New York Times« erzählt Cole später, dass es ganz schön schwierig gewesen sei, einer Staatsanwältin wie Harris zu erklären, warum man erst spät nach Hause gekommen sei. Sie scherzen auch darüber, dass ihre Freunde von ihren Eltern verhört werden. »Wenn du deinen Lebensplan für die nächsten zehn Jahre nicht parat und in einer Excel-Tabelle vorbereitet hast, wirst du das gemeinsame Essen nicht überleben.«

Nach der Hochzeit ist Emhoff jedoch noch nicht bewusst, was es bedeutet, mit einer ambitionierten Politikerin verheiratet zu sein. Natürlich ist seine Frau Justizministerin des größten Bundesstaats, aber auch Emhoff ist ein erfolgreicher Anwalt: Für die Großkanzlei Venable LLP verwaltet er inzwischen die Niederlassung in Los Angeles und die Expansion an der Westküste, bald hat er siebzig Anwälte unter sich. Er verteidigt Großkonzerne wie Walmart und den deutschen Pharmakonzern Merck, meist sind es Prozesse um geistiges Eigentum und Urheberrecht. Emhoff sieht sich und Harris als zwei Ehepartner mit eigenständigen Karrieren, mit zwei Leben in zwei Städten, die sie in Einklang bringen wollen. »Wirklich verstanden habe ich all das erst«, sagt er später in einem Interview, »nachdem wir geheiratet hatten und als Senatorin Barbara Boxer mitteilte, dass sie nicht zur Wiederwahl antreten würde.«

Es ist Januar 2015, als die vierundsiebzigjährige Senatorin Boxer das Ende ihrer Karriere im Senat ankündigt. Bis zu den nächsten Kongresswahlen sind es zu diesem Zeitpunkt noch fast zwei Jahre, Kamala Harris wurde gerade erst als Justizministerin wiedergewählt. Doch sofort beginnen die Spekulationen darüber, ob Harris wohl in die Fußstapfen von Boxer treten wird. Dass ein Demokrat oder eine Demokratin das Amt wieder gewinnen wird, gilt im politisch linken Kalifornien als quasi sicher.

Ihr Wahlkampfteam um Brian Brokaw hatte sich schon seit Monaten darauf vorbereitet, dass Boxer womöglich nicht noch einmal antreten wird – auch wenn Harris nie direkt gesagt habe, dass sie für den Senat kandidieren wolle, wie Brokaw erzählt. An dem Tag, als das Gerücht bestätigt wird, springt er in Sacramento ins Auto und fährt neunzig Autominuten nach San Francisco. »Ich ging davon aus, dass wir uns nun mit ihr zusammensetzen und gemeinsam eine Entscheidung treffen und dann loslegen würden«, erzählt er rückblickend. Letzten Endes kamen zu dem Treffen alle – außer Harris. Ihr Wahlkampfteam hat tagelang keine Ahnung, ob sie für den Senat antreten will oder nicht. »Das war typisch dafür, wie sie große Entscheidungen trifft«, sagt Brokaw, »nämlich mit ihrer Familie – mit Doug, mit Maya, mit Tony. Ich wurde in die Gespräche nicht eingeweiht.«

Harris entscheidet, tatsächlich für das Senatsamt zu kandidieren – obwohl sie gerade erst einen Wahlkampf hinter sich gebracht hat. Doch die Gelegenheit bietet sich zu selten, um sie nicht zu ergreifen – schließlich ist es das erste Mal in vierundzwanzig Jahren, dass ein Senatssitz in Kalifornien frei wird. »Und wenn sie sich mal entschieden hat, dann kann sie nichts mehr aufhalten«, sagt Brokaw. »Dann gibt sie hundert Prozent.«

Harris will die Missstände, gegen die sie in Kalifornien gekämpft hat, nun auf die nationale Bühne heben, wie sie sagt: das marode Strafrechtswesen, die überbordenden Bildungskosten, das reformbedürftige Zuwanderungsrecht. Sie sieht es als »natürliche Fortsetzung [ihrer] Arbeit als Generalstaatsanwältin«.

Mit Harris treten letzten Endes 33 andere Kandidat*innen in den Ring, darunter aussichtsreiche wie die Kongressabgeordnete im Repräsentantenhaus Loretta Sanchez. Doch auch Harris zählt von Anfang an zu den Favoriten für das Amt. Die Aufmerksamkeit, die ihre Familie auf einmal bekommt, trifft ihren Ehemann anfangs unvorbereitet. Als ein Reporter Harris fragt, welche Schauspielerin sie in einer Verfilmung ihres Lebens spielen würde, ist sie clever genug auszuweichen. Emhoff jedoch tritt in das Fettnäpfchen: Er wäre entzückt, wenn Bradley Cooper ihn spielen würde – sprich der zehn Jahre jüngere Hollywood-Beau. Die Aussage bringt ihm Schlagzeilen ein.

Mit einem riesigen Bus, auf den ihr Konterfei als Comic-

Figur gemalt ist, fährt Harris den Bundesstaat Kalifornien rauf und runter und versucht möglichst viele der knapp 40 Millionen Einwohner von sich zu überzeugen. Auch diesmal kann sie auf den Rückhalt ihrer Familie zählen, selbst ihr Patenkind Helena macht beim Wahlkampf mit und interviewt sie für Videos in den sozialen Netzwerken unter dem Schlagwort #KidsForKamala.

In jenem Jahr kommt zum ersten Mal ein neues Wahlsystem in Kalifornien zum Tragen: die sogenannte »Dschungel-Vorwahl«. Demnach halten nicht die beiden großen Parteien, Republikaner und Demokraten, eigene Vorwahlen ab, und in der Stichwahl treten nicht deren beide Kandidaten gegeneinander an. Stattdessen gibt es neuerdings eine einzige, parteiübergreifende Vorwahl, und die beiden Kandidaten mit den meisten Stimmen treten anschließend – unabhängig von ihrer Parteizugehörigkeit – am Wahltag gegeneinander an.

So passiert es, dass sich in der Vorwahl zwei Demokratinnen und kein Republikaner an die Spitze setzen: Harris bekommt 40 Prozent der Stimmen, Loretta Sanchez 18 Prozent. Die beiden werden fünf Monate später gegeneinander in die Stichwahl gehen.

Auch diesmal zahlt sich für Harris ihr großes Netzwerk aus. Innerhalb von nur fünf Monaten nimmt sie mehr als 10 Millionen Dollar an Spenden ein, ihre Konkurrentin Sanchez 2,3 Millionen Dollar. Den größten Teil der Gelder bezieht Harris aus einer neuen Spendenquelle: Die Anwaltskanzlei Venable, für die ihr Ehemann arbeitet, spendet so viel wie kein anderer Geldgeber für ihre Senats-Kandidatur, rund 87 000 Dollar. Auch andere Hollywood-Firmen wie das Filmstudio 20th Century Fox in Los Angeles zählen nun zu Harris' größten Spendern.

Der Wahlkampf läuft gut für sie, doch mehrere Themen überschatten das Wahljahr 2016. Da ist zum einen der politische Aufstieg von Donald Trump, der sich trotz oder gerade wegen seiner radikalen Äußerungen als Kandidat der Republikanischen Partei durchsetzen kann. Vor allem aber treiben schwere Bürgerunruhen das Land um. Bereits zwei Jahre zuvor hatten zwei Vorfälle die USA in Aufruhr versetzt: Im Juli 2014 erstickte der Afroamerikaner Eric Garner in New York City im Würgegriff eines Polizisten, nachdem Garner illegal einzelne Zigaretten auf der Straße verkauft hatte. Wenige Wochen später erschoss ein weißer Polizist in Ferguson, Missouri einen achtzehnjährigen Afroamerikaner namens Michael Brown. Videoaufnahmen von Browns Leichnam, der vier Stunden in einer Blutlache liegen gelassen wurde, verbreiteten sich rasant in den sozialen Netzwerken.

Beide Vorfälle lösten in den Vereinigten Staaten eine Welle der Empörung aus, Millionen von Bürger*innen demonstrierten von Boston bis Los Angeles gegen die anhaltende Polizeigewalt gegen Afroamerikaner. Die Wut der Bürger*innen war keineswegs neu. Doch die Allgegenwart von Smartphones und die sozialen Netzwerke sorgten dafür, dass die Videos einschlugen wie ein Blitz.

Die beiden Vorfälle verschafften auch der Bürgerrechtsbewegung Black Lives Matter neuen Aufwind. Diese war 2013 von einer Aktivistin im kalifornischen Oakland gegründet worden. Black-Lives-Matter-Proteste entstanden im Sommer 2014 im ganzen Land, lösten sich in der Folge wieder auf, um beim nächsten Tod eines Afroamerikaners durch Polizistenhand erneut aufzuflammen. Überall wurden lokale Strafverfolgungsbeamte gefragt, was sie gegen Rassismus unternähmen – insbesondere im progressiven Kalifornien. Speziell Kamala Harris als erste Schwarze Justizministerin des Bundesstaats muss sich nun von den Bürger\*innen fragen lassen, was sie während ihrer Amtszeit gegen Polizeigewalt unternommen habe – besonders im Jahr 2016, als sie sich zur Senatorin wählen lassen will.

Im Sommer überschlagen sich dann die Ereignisse und die Lage im Land droht zu eskalieren: Beamte hatten erst einen Schwarzen in Baton Rouge, Louisiana erschossen; in Minneapolis, Wisconsin, töteten wenige Tage später Beamte den Afroamerikaner Philando Castile vor den Augen seiner Freundin und seines Kleinkindes. In den folgenden Tagen wurden daraufhin Polizeibeamte in Baton Rouge und in Dallas, Texas von Scharfschützen aus dem Hinterhalt erschossen. Amerika ist im Krieg mit sich selbst.

Die Kalifornier schauen auf ihre Schwarze Justizministerin, die beide Seiten des Konflikts verkörpert. Bei einer Konferenz zum Thema Rassismus in der Polizeiarbeit tritt Harris vor die Mikrofone und wirkt so emotional und verletzlich wie selten. »Ich muss Ihnen sagen, dass mir das Herz bricht. Als Staatsanwältin bricht mir das Herz. Als oberste Strafverfolgungsbeamtin in Kalifornien bricht mir das Herz. Und als Schwarze Frau.«

Bis heute redet Harris nicht oft über ihre eigenen Diskriminierungserfahrungen. In einem Interview mit der »Los Angeles Times« sagte sie einmal, dass sie einst mit den Nachbarskindern bei ihrem Vater in Palo Alto spielen wollte, aber nicht durfte, weil sie Schwarz war. Sie erzählt auch, wie sie selbst »mehrmals mit dem N-Wort beschimpft« wurde. »Ich schreibe mir meine Erfahrungen nicht auf die Stirn, aber sie beeinflussen meine Perspektive auf die Arbeit und das, was ich für möglich halte.«

Harris' eigener Leistungsausweis bei dem Thema ist durchwachsen. Auf der einen Seite setzt sie sich als Justizministerin durchaus für Reformen in der Polizeiarbeit ein: Sie lässt alle Strafverfolgungsbehörden Kaliforniens ein Training durchlaufen, das sie für ihre eigenen Vorurteile, besonders gegenüber Nicht-Weißen, sensibilisieren soll. Dafür arbeitet Harris mit der Professorin der Stanford University Jennifer Eberhard zusammen, die sich auf solchen »Bias« bei Polizisten spezialisiert hat.

Doch auch wenn Harris die oberste Strafverfolgungsbeamtin in Kalifornien ist, hat sie wenig Autorität über die tägliche Arbeit der 80 000 Polizisten im Bundesstaat. Der Justizministerin selbst sind nur etwa 300 Polizeibeamte unterstellt, die hochspezialisiert sind, keine Streifenbeamten. Die allerdings stattet Harris mit Körperkameras aus, damit die Beamten bei Fehlverhalten zur Rechenschaft gezogen werden können.

Als eine ihrer größten Errungenschaften gilt die Errichtung der Datenbank Open Justice. In dieser werden erstmals verschiedenste Daten aus dem Strafrechtswesen mit der Öffentlichkeit geteilt, etwa die Zahl der Tode und Verletzungen in Polizeigewahrsam. Zuvor sei die Debatte um Polizeigewalt von Emotionen und Anekdoten bestimmt gewesen, sagte Harris' damaliger Politikberater Daniel Suvor gegenüber der »Los Angeles Times«. »Sie wollte Daten, Fakten und Beweise in die öffentliche Diskussion bringen.«

Auf der anderen Seite hielt sich Harris aber aus bestimmten Konflikten in der Polizeiarbeit gezielt heraus – auch mit Blick auf ihre langfristigen Karrierepläne, unterstellt ihr Anne Weills, eine Bürgerrechtsanwältin aus Oakland, in einem Interview. So wehrte Harris etwa Forderungen von Aktivisten ab, dass ihr Justizministerium doch zwei besonders umstrittene Fälle von Polizeigewalt näher untersuchen sollte, weil die lokalen Staatsanwälte bei den Ermittlungen voreingenommen seien. Harris argumentierte, dass sie dafür keine juristische Handhabe habe. Für die Entscheidung erntete sie heftige Kritik des Black Caucus, also des Ausschusses der Schwarzen Abgeordneten im kalifornischen Parlament in Sacramento.

Die Bürgerrechtsanwältin Weills glaubt, dass Harris schon damals vor allem ihre eigene Präsidentschaftskandidatur im Blick gehabt habe und sich nicht mit dem gesamten Strafverfolgungswesen anlegen wollte. »Es hätte ihre Karriere zerstören können.« Auch hatte es lange gedauert, bis sie nach dem Mord an dem Polizisten Isaac Espinoza ihre Beziehungen zu Polizistenverbänden gekittet hatte. Diese wollte sie vermutlich nicht erneut riskieren.

Die Diskussion darüber, ob Harris tatsächlich eine »fortschrittliche Staatsanwältin« war, verfolgt sie bis heute so hartnäckig wie ein Schatten. Tatsächlich haben sich die Auffassungen dazu, was als progressiv gilt, innerhalb der Demokratischen Partei in den letzten Jahren massiv und rasant gewandelt – insbesondere im Vergleich zu den frühen zweitausender Jahren, als Harris ihre politische Karriere in Kalifornien begann. Einige ihrer Positionen mögen für die damalige Zeit fortschrittlich gewesen sein, aber nicht aus heutiger Sicht betrachtet. Und tatsächlich wechselte Harris einige Standpunkte im Laufe der Jahre – wohl auch, um zum Zeitgeist aufzuschließen. In einem vernichtenden Meinungsbeitrag in der »New York Times« warf ihr die kalifornische Rechtsprofessorin Lara Bazelon einmal vor, dass sie als Staatsanwältin gegen die Legalisierung von Marihuana war; dass sie die Eltern schulschwänzender Kinder ins Gefängnis brachte und dass sie sich gegen eine Reform des Kautionswesens stemmte – also genau das Gegenteil einer »fortschrittlichen Staatsanwältin« verkörpere. »Zu häufig stand sie auf der falschen Seite der Geschichte.«

Mit Blick auf ihr eigenes Senatsrennen konzentriert sich Harris im Sommer 2016 darauf, die Wähler*innen der demokratischen Basis zu umgarnen: Sie betont ihre Reformarbeit im Polizeiwesen und erinnert daran, wie sie für Kalifornien gegen die Großbanken gekämpft hat. Ihre Konkurrentin Sanchez hingegen versucht auch die Unterstützung der republikanischen Wähler zu bekommen – schließlich stammt sie aus Orange County, einem der wenigen konservativen Flecken in Kalifornien. Nach zwanzig Jahren im Repräsentantenhaus hat Sanchez viel Erfahrung vorzuweisen, sie gilt als moderate Kandidatin. Doch sie lehnt sich zu weit aus dem Fenster: So behauptet sie etwa, dass bis zu zwanzig Prozent aller Muslime radikalisiert und bereit seien, mittels terroristischer Handlungen einen islamistischen Staat, ein sogenanntes Kalifat, zu errichten. Das bringt ihr viele negative Schlagzeilen ein.

Harris wiederum fährt einen vorsichtigen Wahlkampf

und macht um jede mögliche Kontroverse einen Bogen. Das Nachrichten-Portal »Politico« bezeichnet das Rennen zwischen Sanchez und Harris als »eines der am wenigsten aufregenden in Kaliforniens Geschichte«. Tatsächlich gibt es zwischen ihnen nur wenige inhaltliche Unterschiede. Beide sind nicht-weiße Frauen, beide würden mit ihrem Sieg Geschichte schreiben: Harris als erste indischstämmige, Sanchez als erste hispanischstämmige Senatorin.

Harris sichert sich jedoch prominente Unterstützung, allen voran von ihrem alten Freund Präsident Barack Obama und dessen Vizepräsident, Joe Biden. Auch die scheidende Amtsinhaberin Barbara Boxer spricht sich für Harris als Nachfolgerin aus, ebenso unterstützen sie der Gouverneur Jerry Brown und die andere kalifornische Senatorin, Dianne Feinstein – die Kontroverse um den erschossenen Polizisten Isaac Espinoza aus San Francisco ist vergeben und vergessen.

Die Prognosen sind vielversprechend für Harris. Am 8. November 2016, dem Wahltag für die Senats- wie die Präsidentenwahl, wiederholt Harris jene Routine, die sie seit ihrem ersten politischen Rennen 2003 pflegt: Ihre Familie und enge Freunde fliegen zu ihr nach Los Angeles, darunter ihre Tanten und Cousinen. Gemeinsam treffen sie sich in einem Restaurant zum Abendessen, während die Wahllokale im ganzen Land schließen und die Stimmzettel ausgezählt werden. Doch auf dem Weg zum Restaurant hört Harris auf einmal ihren Ehemann stöhnen – so, wie er immer klingt, wenn er schlechte Nachrichten liest. »Das musst du dir anschauen«, sagt er und reicht Harris sein Handy. Im Präsidentschaftsrennen schmilzt der Vorsprung der demokratischen Kandidatin und vermeintlichen Favoritin Hillary Clinton dahin. Die »New York Times« prognostiziert ein enges Rennen zwischen ihr und Donald Trump. Auch wenn Harris weiß, dass sie sehr gute Chancen hat, an diesem Abend zu gewinnen, ist die Stimmung beim Abendessen weniger euphorisch als erhofft: Alle schauen immer wieder besorgt auf ihre Handys und aktualisieren die Ergebnisse der Präsidentschaftswahl. Trump schneidet in gleich mehreren Ostküstenstaaten überraschend gut ab.

Ihre beste Freundin Chrisette Hudlin ist mit Familie gekommen; Harris ist die Patentante von Hudlins Kindern. Der neunjährige Patensohn Alexander läuft irgendwann weinend zu Harris und fragt: »Tante Kamala, der Mann darf nicht gewinnen. Er gewinnt doch nicht, oder?«

Kurz danach erklärt die Nachrichtenagentur Associated Press ein Rennen für entschieden: Kamala Harris hat die Senatswahl in Kalifornien gewonnen. Mit fast 62 zu 38 Prozent der Stimmen besiegt sie Loretta Sanchez deutlich. Erneut schreibt Harris Geschichte: Sie ist die erste Indischstämmige und die zweite Afroamerikanerin, die in den Senat einziehen wird.

Harris dankt ihren Verwandten und Freunden im Restaurant für ihre Unterstützung. Dann brechen alle auf in den Nachtklub Exchange, den ihr Wahlkampfstab in Erwartung eines Sieges gebucht hatte. Mehr als tausend Anhänger warten dort bereits. Doch die Präsidentschaftswahl wirft ihre Schatten auf die Feier. Alle im Saal schauen gebannt auf die Fernsehbildschirme mit den Hochrechnungen. Harris hatte eine Rede vorbereitet, in der sie ihren eigenen Sieg und den der ersten weiblichen Präsidentin Hillary Clinton feiert – so, wie es auch die Umfragen vorausgesagt hatten. Doch als sie auf die Bühne tritt, lässt sie das vorbereitete Manuskript liegen. Auch wenn das Endergebnis der Wahl noch nicht feststeht, ist ihr bereits klar: Sie wird an diesem Abend keine Jubelrede liefern, sondern eine Kampfansage. »Egal, wie die Präsidentschaftswahl heute Abend ausgeht – wir wissen, dass wir eine Aufgabe vor uns haben«, ruft sie ihren Anhängern zu. »Ziehen wir uns nun zurück oder kämpfen wir? Ich sage, wir kämpfen.«

Alle im Raum jubeln, links hinter Harris stehen Emhoff und seine Tochter Ella und nicken zustimmend. »Ich habe vor zu kämpfen – für einen Bundesstaat, der die meisten Zuwanderer im Land hat. Für eine Zuwanderungsreform.« Mit jedem Satz wird Harris nun lauter: »Ich habe vor, für ›Black Lives Matter‹ zu kämpfen. Ich werde gegen die Nein-Sager kämpfen, die behaupten, es gebe keinen Klimawandel. Ich werde für die Rechte unserer Studierenden kämpfen. Ich werde gegen die großen Ölfirmen kämpfen. Ich werde kämpfen!« Sie vergleicht die jetzige Zeit mit jener Ära der Bürgerrechtsbewegung in den USA, als sich ihre Eltern kennenlernten. »Dies ist ein Moment, der uns herausfordert. Lasst uns mit ihm wachsen.« Wenige Stunden später wird das, was Harris vermutet hatte, zur Gewissheit: Donald Trump gewinnt die Wahl zum 45. Präsidenten.

# 5

## Harte Fragen im Senat

Wenige Wochen später beginnt Harris ein neues Leben in Washington, D.C. Am 3. Januar 2017, im 115. Kongress, wird Kamala Harris zur Senatorin von Kalifornien vereidigt. Traditionsgemäß nimmt ihr der amtierende Vizepräsident den Amtseid ab, Joe Biden. Neue Senator*innen hören in Washington oft einen ähnlichen Rat: Halte dich bedeckt, fall nicht auf, lauf einfach mit. Harris hat das von ihrem ersten Tag an nicht vor. Wie sie zu ihrem Patensohn Alexander und ihren Anhängern am Wahlabend gesagt hatte, versteht sie ihr neues Amt vor allem als eines: als Widerstandskampf gegen die Regierung Trump.

In der kleinen Kongresskammer ist Harris nun eine von einundzwanzig Frauen und drei Afroamerikaner*innen. Eine Schwarze Frau wurde vor ihr erst ein einziges Mal in den Senat gewählt, Carol Moseley Brown aus Illinois saß dort von 1993 bis 1999. Harris' jahrelange Erfahrung in der Strafverfolgung hilft ihr dabei, in gleich mehrere renommierte Ausschüsse gewählt zu werden: für Nachrichtendienste, für nationale Sicherheit sowie in den Haushaltsausschuss. Diese bieten ihr schon bald eine nationale Bühne.

Eine von Harris' ersten Aufgaben in den Ausschüssen ist es, den von Trump vorgeschlagenen Kabinettsanwärtern auf den Zahn zu fühlen. Die vom Präsidenten Nominierten müssen mit wenigen Ausnahmen vom Senat bestätigt werden. Bevor der aber im Plenum abstimmen darf, kann der zuständige Ausschuss einen Kandidaten anhören und sich dann für oder gegen diesen aussprechen.

So tritt bereits eine Woche nach Beginn der Legislaturperiode der General John F. Kelly vor den Senatsausschuss für Inlandsicherheit. Kelly, ein Vier-Sterne-General, soll künftig das Ministerium für Inlandsicherheit (Homeland Security) leiten – ein Schlüsselposten in jeder Regierung, aber insbesondere in der von Trump. Schließlich war die Sicherung von Amerikas Grenzen eines von Trumps größten Wahlversprechen.

Die Anhörung im Ausschuss im Januar 2017 verläuft für Kelly weitgehend reibungslos – bis Harris mit ihren Fragen an die Reihe kommt. Sie dankt dem Kandidaten für seinen jahrelangen Militärdienst, dann schwenkt sie auf ein Thema ein, das ihr besonders am Herzen liegt: das Schicksal der »Dreamers«. So lautet der Spitzname für junge Menschen, die als Minderjährige illegal in die USA geschleust wurden. Viele von ihnen sind fest in der amerikanischen Gesellschaft integriert, ja manche wussten jahrelang nicht einmal, dass sie dort keine Staatsbürger sind. Eine andere Heimat als die USA kennen sie nicht.

Diese jungen Menschen konnten sich unter Präsident Obama für ein Amnestie-Programm bewerben, das sogenannte Daca-Programm (»Deferred Action for Childhood Arrivals«, also etwa: »Verzögerte Maßnahmen für als Kinder Angekommene«). Dieses Programm gewährt ihnen vorübergehend einen legalen Aufenthaltsstatus im Land, der sie vor einer Abschiebung schützt – vorausgesetzt, sie erfüllen bestimmte Kriterien und teilen mit den Behörden Informationen wie die Namen ihrer Angehörigen, ihren Wohnsitz etc. Das Ministerium für Inlandsicherheit sicherte den Bewerbern damals unter Obama zu, die geteilten Informationen nie gegen sie zu verwenden.

»Sind auch Sie der Meinung, dass wir dieses Versprechen halten müssen?«, fragt Harris nun Kelly. Von den rund 800 000 »Dreamer«, die zwischen 2012 und März 2017 in das Programm aufgenommen wurden, stammte der größte Teil (etwa 28 Prozent) aus Kalifornien. Harris als Senatorin des »Golden State« fühlt sich auch ihnen verpflichtet.

Doch Kelly antwortet ausweichend: Er nehme an, dass »diese Leute keine Priorität bei Abschiebungen haben werden«. Harris hakt nach. Wieder weicht Kelly aus und sagt nur zu, dass er sich das »in aller Gründlichkeit« anschauen werde. Harris nimmt diese vagen Antworten als Anlass, gegen Kellys Nominierung als Minister für Inlandsicherheit zu stimmen – als eine von nur elf Demokraten, die sich gegen ihn aussprechen.

Wenige Tage nach Kellys Amtsantritt sorgt die Regierung Trump an einem Freitagabend für einen Donnerschlag: Per Exekutivverordnung führt der Präsident ein temporäres Einreiseverbot für Bürger*innen aus mehrheitlich muslimischen Ländern ein, das den Spitznamen »Muslim Ban« bekommt. An mehreren Flughäfen im ganzen Land bricht Chaos aus, ausländische Reisende werden plötzlich bei der Ankunft zurückgewiesen. Bürger versuchen herauszufinden, ob ihre Verwandten und Geschäftspartner noch in die USA einreisen können. Spontan bilden sich Demonstrationen im ganzen Land, an denen auch Politiker*innen und Prominente teilnehmen. Harris sitzt an jenem Abend auf dem Küchenstuhl in ihrer neuen Eigentumswohnung in Washington und telefoniert pausenlos mit Migrationsanwälten, mit denen sie als Justizministerin Kaliforniens zusammengearbeitet hatte.

Irgendwann reicht es ihr. Sie weist ihre Mitarbeiter*innen an, ihr die private Telefonnummer von John Kelly zu besorgen, und ruft den frisch gewählten Minister zu Hause an. Als sie ihm die chaotische Lage darlegt, entgegnet der nur: »Warum rufen Sie mich deswegen daheim an?« Insgesamt sei Kelly »nicht allzu erfreut« über den Anruf gewesen, erinnert sich Harris. »Als wir auflegten, war klar, dass er die Tragweite des Einreiseverbots nicht verstanden hatte. Er sagte, er würde sich wieder bei mir melden, aber tat das nie.« Später habe sie erfahren, dass es im politischen Verkehr Washingtons nicht gerade üblich sei, dass Senatoren Minister zu Hause anrufen.

Harris nimmt die Episode als Anlass, ihren ersten Gesetzesvorschlag in den Kongress einzubringen: eine Garantie auf Rechtsbeistand für jeden, der bei seinem Versuch der Einreise in die USA festgehalten wird. Der Vorschlag scheitert jedoch wie so vieles in jener Legislaturperiode, die Demokraten sind schließlich in der Minderheit.

Auch in ihrer ersten Rede im Senat, vierundvierzig Tage nach ihrer Vereidigung, konzentriert sie sich auf das Thema Zuwanderung. »Papierlose Zuwanderer sind keine Kriminellen«, sagt Harris; eine Aussage, für die ihr die »Washington Post« später zwei von vier Lügen-Pinocchios geben wird, weil die Unterscheidung juristisch schwierig ist. Insbesondere Trumps »Muslim Ban« sei »nachlässig geschrieben und inkompetent umgesetzt« gewesen, sagt Harris. Das Einreiseverbot werde Terrorgruppen wie dem Islamischen Staat als »Rekrutierungswerkzeug gegen uns« dienen. Sie geht erneut auf das Schicksal der »Dreamer« ein, denen von der Regierung in Washington versprochen worden sei: ›Wenn ihr euch registriert, werden wir diese Informationen nicht gegen euch verwenden.‹ Und sie erzählt ihren Senatskollegen von ihrer Mutter Shyamala Gopalan und wie sich diese gegen eine arrangierte Ehe gestemmt habe und allem Widerstand zum Trotz in den USA geblieben sei. Ihre Mutter habe »nie ein Blatt vor den Mund genommen« – und auch sie, Kamala Harris, werde das nicht tun. Das Versprechen hält sie in den kommenden vier Jahren, keine Frage.

Insgesamt spricht sich Harris in den folgenden Monaten gegen 18 von Trumps ursprünglich 22 nominierten Kabinettsanwärtern aus, mehr als viele ihrer Parteikollegen. Da die Republikaner jedoch in der kleinen Kongresskammer die Mehrheit stellen, werden die meisten von Trumps Kandidat*innen letztendlich vereidigt.

Während ihrer gesamten Zeit im Senat bleibt die Zuwanderung eines der wichtigsten Themen für Harris. Ihr ehemaliger Mitarbeiter Sergio Gonzalez erzählt gegenüber dem »San Francisco Chronicle«, dass Harris regelmäßig junge Migrationsaktivisten in ihr Büro nach Washington eingeladen habe, viele von ihnen seien papierlos gewesen. Harris hört sich ihre Geschichten an, umarmt sie und rät ihnen, »positiv zu denken«. Vor ihrem Büro steht ein Schild mit der Aufschrift »Dreamers sind hier willkommen« in Englisch und Spanisch.

Der Skandal um den Muslim Ban wird nicht der einzige der Regierung Trump bleiben. Kontroverse Exekutivverordnungen erschüttern das Land bald jede Woche wie Erdbeben. Anfang März setzt der neue Präsident das besagte Daca-Programm der Vorgängerregierung aus und wirft damit die 800 000 Teilnehmer in ein persönliches Chaos.

Theoretisch können auch sie nun abgeschoben werden – und ihren Verwandten, deren Namen sie im Vertrauen mit der Regierung geteilt hatten, droht ebenfalls die Deportation. Mehrere Städte im Land, darunter Harris' Heimatstadt Berkeley, erklären sich zu »Sanctuary Cities«, also als sichere Häfen für Migrant*innen, und verweigern der Migrationspolizei der Bundesregierung jegliche Rechtshilfe. Im Jahr 2020 wird der Supreme Court schließlich entscheiden, dass das Vorgehen der Regierung Trump rechtswidrig war und sie das Daca-Programm nicht einstellen darf.

Ein ständiges Streitthema in Washington ist auch die Frage, inwiefern sich Trump und sein Wahlkampfteam 2016 rechtswidrig Hilfe von Moskau geholt hatten. Eine zwielichtige Rolle spielt der inzwischen zum Justizminister ernannte Jeff Sessions. Der frühere Senator aus Alabama war einer von Trumps ersten Unterstützern im Wahlkampf. Trump dankte ihm dies nach seinem Sieg mit dem prestigeträchtigen Kabinettsposten. Später wurde bekannt, dass Sessions bei seiner Nominierungsanhörung im Januar unterschlagen hatte, dass er sich im Wahlkampf zweimal mit dem russischen Botschafter in Washington, Sergei Kisljak, getroffen hatte. Daraufhin tritt er schließlich bei allen Entscheidungen zur Russland-Untersuchung in den Ausstand und überträgt diese seinem Stellvertreter, Rod Rosenstein.

Doch nicht nur von Sessions hatte Trump Loyalität erwartet. Auch vom FBI-Chef, James Comey, erhofft sich

Präsident Trump Rückendeckung. Als sich Comey jedoch weigert, dem Präsidenten seine Unterstützung in der Russland-Angelegenheit zuzusichern, entlässt ihn Trump Anfang Mai 2017. Ein Aufschrei geht durch das Land, Trump widerspricht sich in den folgenden Tagen mehrfach selbst und versucht Comey als inkompetent darzustellen. Der Vorfall führt dazu, dass der stellvertretende Justizminister Rosenstein einen Sonderermittler einberuft: Der frühere FBI-Direktor Robert Mueller soll etwaige russische Einflussversuche im Wahlkampf 2016 und alle damit in Bezug stehenden Vergehen untersuchen. Trump stempelt die Ermittlungen vom ersten Tag an als »Hexenjagd« ab – doch tatsächlich sind sie für ihn eine Katastrophe. Sie bedeuten, dass die Diskussionen um russische Einflussnahmen im Wahlkampf noch monatelang die Regierungsarbeit überschatten werden, mit offenem Ausgang.

Die Arbeit des Sonderermittlers und die Russland-Frage beschäftigen in den kommenden Monaten immer wieder den Geheimdienstausschuss des Senats, in dem auch Harris sitzt. Mehrere Regierungsmitarbeiter werden vor das Gremium geladen und zu ihren Beziehungen mit Moskau und Trumps Wahlkampfstab befragt – darunter auch Justizminister Sessions.

Im Juni 2017 soll Sessions vor dem Ausschuss seine Beziehungen mit Moskau erklären. Auch Harris hat wie die anderen Ausschussmitglieder sechs Minuten Zeit für Fragen. Es wird einer ihrer ersten großen Scheinwerfermomente als Senatorin – nun kann sie zeigen, was es bedeutet, wenn eine frühere Staatsanwältin jemanden verhört.

Dem Senioritätsprinzip folgend, kommt Harris als eine

der letzten Senatoren an die Reihe. Wie Gewehrsalven feuert sie ihre Fragen auf Sessions los, unterbricht ihn ständig, versucht, ihn festzunageln. Harris scharfe Fragen stehen im Kontrast zu Sessions langsamen Antworten im breiten Südstaaten-Dialekt, seine Silben langgezogen wie Kaugummi. Als Harris ihm wieder einmal ins Wort fällt, entfährt es Sessions: »Ich kann nicht so gehetzt werden. Es macht mich nervös!« Harris lächelt kurz und macht im gleichen Tempo und mit ständigen Unterbrechungen weiter. Kurz darauf fallen ihr die eigenen Kollegen in den Rücken. Der republikanische Senator John McCain fordert seine Kollegin auf: »Lassen Sie den Zeugen ausreden.« Daraufhin ermahnt der Ausschussvorsitzende beide Senatoren, dass er die Regeln im Senat setze – und ja, der Zeuge müsse ausreden können.

Videos von Harris' harter Befragung von Sessions wie auch davon, wie die Ausschusskollegen sie maßregeln, verbreiten sich wie Lauffeuer in den sozialen Netzwerken. Sie wird als Kämpferin der Linken gefeiert; als Frau, die sich gegen eine Horde Männer durchgesetzt hat. Es dürfte genau der Effekt sein, den sie sich von ihrem Auftritt erhofft hatte. Ihren Mitarbeitern erzählt sie regelmäßig, wie sie selbst neue Staatsanwälte in Befragungstechniken ausgebildet habe: »Ich sagte ihnen: ›Wenn ihr vor den Geschworenen steht und euer Schlussplädoyer gebt – dann rechnet ihnen alles genau vor. Statt zu sagen, das Ergebnis ist acht, zeigt ihnen, dass sie zwei plus zwei plus zwei plus zwei vor sich haben.‹« Für Harris sind die Senatsanhörungen wie Gerichtsbefragungen; die Geschworenen sind die Wähler zu Hause. Ihre Kommunikationschefin hat nun in Großbuchstaben auf einem Zettel an ihrem Computer stehen: »SHOW THE MATH«, also »RECHNE ES IHNEN VOR«.

Eine Augenbraue hochgezogen, die Augen dünn wie Schlitze, erinnert Harris bei Befragungen bisweilen an eine strenge Mutter, die ihren Kindern wortlos zu verstehen gibt: »Ihr könnt mich nicht veräppeln.« Verliert sie die Geduld, erkennt man das an ihrer Gestik: Daumen und Zeigefinger zusammengepresst, untermauert sie jedes Wort mit einer hämmernden Handbewegung. Ihre Mitarbeiter geben Harris' Eigenarten den Spitznamen »Kamalismen«.

So erfolgreich Harris' Start als Senatorin ist, so sehr verlangt der neue Job aber auch einen Preis. Am gleichen Tag Anfang Juni, an dem der entlassene FBI-Direktor James Comey vor dem Geheimdienstausschuss erscheint, ist die High-School-Abschlussfeier ihrer Stieftochter. Harris muss Ella klarmachen, dass sie diesen Meilenstein verpassen wird. Ihre Senatskollegin Maggie Hassan aus New Hampshire tröstet Harris. »Unsere Kinder lieben uns als die Menschen, die wir sind, und für die Opfer, die wir bringen. Sie verstehen das.« Zwar nicht zur Feier selbst, aber immerhin rechtzeitig zum Abendessen sitzt Harris in Los Angeles mit der Familie zusammen.

Zumindest ihr Senatsbüro hat sich Harris heimisch eingerichtet: Eine Büste des früheren Supreme-Court-Richters Thurgood Marshall steht dort; ein Foto von ihr und dem Abgeordneten John Lewis auf der Edmund-Pettus-Brücke in Selma, Alabama, einem der wichtigsten und düstersten Schauplätze der afroamerikanischen Bürgerrechtsbewegung der USA. Eine andere Aufnahme zeigt ihre Mutter mit einer Freundin bei einem Protest in jenen Jahren auf dem Berkeley-Campus. Dieses Foto sei ihr liebstes Stück auf ihrem Schreibtisch, sagt Harris damals gegenüber dem »San Francisco Chronicle«.

Auch für ihren Ehemann Doug hat das neue Leben in Washington einiges geändert: Er zählt nun offiziell zu den »Senate Spouses«, bis in die neunziger Jahre noch »Senate Wives« genannt. Diese können an wöchentlichen Buchklubs und Mittagessen teilnehmen; Politik wird dabei als Thema möglichst vermieden. Einmal im Jahr organisieren die Partner der Senator*innen zudem ein Mittagessen zu Ehren der First Lady. Doch Emhoff hat wenig Zeit, ganz in der Rolle des Senatorin-Gattens aufzugehen, denn auch mit seiner Karriere geht es steil bergauf: Im gleichen Jahr wechselt er den Arbeitgeber und wird Partner bei einer der weltgrößten Anwaltskanzleien, DLA Piper, in Washington, DC.

Für Harris zeichnet sich die wohl am meisten Aufsehen erregende Episode in ihrer Senatskarriere im Sommer 2018 ab. Am Obersten Gericht der USA gibt der Richter Anthony Kennedy seinen Rücktritt bekannt. Die Richter am Supreme Court sind auf Lebenszeit ernannt, und viele füllen das Amt tatsächlich bis zu ihrem Tod aus. Es ist das mächtigste Gremium im Land mit Entscheidungshoheit über alle Grundsatzfragen. Doch nun will Kennedy mit zweiundachtzig Jahren und nach drei Dekaden auf dem obersten Richterposten in den Ruhestand gehen.

Es ist der Moment, auf den die Republikaner gewartet hatten: Schließlich hatte Trump im Präsidentschaftswahlkampf der republikanischen Basis versprochen, dass er das Oberste Gericht mit einer verlässlich konservativen Mehrheit versehen werde. Für einige Republikaner war allein das Grund genug, Trump 2016 zu wählen und über alle seine Schwächen hinwegzusehen.

Längst hat der Präsident eine lange Liste in der Schublade mit potenziellen Bundesrichtern, auch für den Supreme Court. Erarbeitet hat diese die konservative Organisation Federalist Society, die seit Jahren versucht, Amerikas Judikative mit konservativ gesinnten Richtern langfristig umzukrempeln. Von dieser Liste hatte Trump bereits zahlreiche Bundesrichter rekrutiert sowie seinen ersten Supreme-Court-Richter Neil Gorsuch, den er Anfang 2017 zum Nachfolger des verstorbenen Antonin Scalia ernannt hatte. Doch die Neubesetzung mit Gorsuch damals veränderte das Kräfteverhältnis am Supreme Court nicht: Scalia war bereits wie sein Nachfolger Gorsuch eine verlässlich konservative Stimme gewesen.

Doch der nun zurücktretende Kennedy gilt am Obersten Gericht als »Swing Vote«, also als Wechselstimme. Obwohl eigentlich ein Konservativer, stimmte er immer wieder mit seinen progressiven Kollegen; denn die Richter sind bei ihren Urteilen natürlich letztendlich frei und keinem politischen Lager verpflichtet. 2015 etwa lieferte Kennedy überraschend die entscheidende Stimme dafür, dass die USA die gleichgeschlechtliche Ehe landesweit erlaubten – einer der größten Siege für Amerikas Linke. Wenn auf Kennedy nun ein verlässlich konservativ stimmender Richter folge, so die Hoffnung der Republikaner, könnte dies die Mehrheitsverhältnisse am neunköpfigen Gericht auf Jahre hinaus kippen. Damals ahnt noch niemand, dass Ende 2019 die progressive Richterin Ruth Bader Ginsburg sterben wird und Trump mit seiner dritten Neubesetzung die konservative Mehrheit am Gericht auf Jahre zementieren wird.

Auch bei der Suche nach einem Nachfolger für Kennedy orientiert sich Trump nun – wie im Wahlkampf versprochen – an den Vorschlägen der Federalist Society. Innerhalb von wenigen Tagen schlägt er Brett Kavanaugh vor, zum damaligen Zeitpunkt Richter am Berufungsgericht für den Bezirk Washington, DC. Der Dreiundfünfzigjährige erfüllt alle Kriterien, die den Republikanern wichtig sind: Er ist recht jung und wird somit lange am Supreme Court dienen können. Er ist stramm konservativ in seiner Gesinnung und seiner Urteilshistorie. Und er hat an den besten Universitäten des Landes studiert und am Supreme Court hospitiert – sein Leistungsausweis ist also so tadellos, dass die Demokraten an ihm nur schwer etwas objektiv beanstanden können. Zumindest scheint es so.

Im nächsten Schritt wird Kavanaugh vom Justizausschuss des Senats befragt. Diesem gehört seit kurzem auch Kamala Harris an. Sie hatte sich bereits eine halbe Stunde nachdem Trump Kavanaugh als Nachfolger nominiert hatte, gegen ihn ausgesprochen. Wie viele andere Demokraten befürchtet sie, dass Kavanaugh die entscheidende Stimme dafür liefern könnte, dass das Grundsatzurteil Roe v. Wade aus dem Jahr 1973 umgestoßen wird, das Frauen in den USA das Recht auf Abtreibung zusichert. Dieses Urteil zu revidieren, ist seit Jahren ein erklärtes Ziel der Republikaner.

Von Anfang an ist klar, dass die Demokraten, die die Minderheit im Senat stellen, schlechte Chancen haben, Kavanaugh zu verhindern. Doch Harris gibt sich kämpferisch. Als Kavanaugh Ende August 2018 vor den Justizausschuss geladen wird, geht sie ab dem ersten Moment in die Konfrontation. Der Ausschussvorsitzende, Senator Chuck Grassley aus Iowa, ist noch mitten in seiner Begrüßung, da fällt ihm die Jungsenatorin bereits ins Wort. »Herr Vorsitzender«, ruft Harris mehrfach, während Grassley einfach weiterredet. »Herr Vorsitzender!«, setzt sich Harris schließlich stimmlich durch. »Ich möchte gerne das Recht bekommen, eine Frage zu stellen, bevor wir weitermachen. Der Ausschuss hat gestern Abend, vor weniger als fünfzehn Stunden, (vom Kandidaten) 42 000 Seiten an Dokumenten erhalten, die wir bisher weder anschauen noch lesen noch analysieren konnten.« »Sie sind nicht an der Reihe zu reden«, kanzelt Grassley sie ab. »Wir können nicht weitermachen«, redet Harris unbeirrt weiter, doch Grassley fährt einfach weiter im Protokoll: »Wir heißen Brett Kavanaugh willkommen.«

Harris' Verhalten ist mehr als unüblich in einem Gremium, das großen Wert auf Protokoll und Traditionen legt. Was sich in diesem Moment im Senatsausschuss abspielt, ist das Ergebnis eines tagelangen, präzise einstudierten Schauspiels. Harris hatte sich im Vorfeld der Anhörung Unterstützung von Experten geholt – einem Rechtsprofessor der Universität Columbia, einem ehemaligen Mitarbeiter des Justizausschusses, weiteren Juristen. Sie alle halfen ihr dabei, sich auf diese in vielerlei Hinsicht einzigartige Anhörung vorzubereiten. Harris ist klar, dass sie als Person nun eine Bühne geboten bekommt, aber auch, dass es eine der wenigen Möglichkeiten sein wird, Kavanaugh als Richter zu verhindern. Um diese Gelegenheit zu nutzen, ist sie bereit, dem Ausschussvorsitzenden prominent ins Wort zu fallen.

Nach dem ungewöhnlichen Beginn der Anhörung geht es weiter im Protokoll, wie immer stellen die Ausschussmitglieder dem Kandidaten ihre Fragen, dem Senioritätsprinzip folgend. Mehrere wollen von Kavanaugh ganz direkt wissen, was er über das Grundsatzurteil zu Abtreibungen Roe v. Wade denkt. Jedes Mal antwortet er lediglich, dass es einen Präzedenzfall darstelle, aber sagt nicht, ob der Fall seiner Meinung nach richtig oder falsch entschieden wurde.

Als Harris am Ende des zweiten Tages schließlich an die Reihe kommt, wählt sie einen anderen Ansatz: »Fallen Ihnen Gesetze ein, die dem Staat das Recht geben, über den männlichen Körper zu verfügen?« Kavanaugh wirkt irritiert. »Ich beantworte gerne eine spezifischere Frage.« Harris sagt: »Männlich versus weiblich.« Kavanaugh antwortet stotternd, Harris unterbricht ihn, »ich wiederhole die Frage gern noch mal«, und tut dies. Kavanaugh entgegnet: »Ich bin mir nicht bewusst – mir fallen gerade keine ein, Senatorin.« Harris hakt noch einmal nach, Kavanaugh verneint schließlich. Ohne es auszusprechen, bringt Harris zum Ausdruck, wie ungleich Männer und Frauen vor dem Gesetz behandelt werden.

Dann wechselt sie abrupt das Thema zu den Russland-Untersuchungen. Der Grund dafür ist, dass der Supreme Court womöglich das letzte Wort haben könnte, sollte der Sonderermittler Robert Mueller im Zuge seiner Untersuchungen Trump vorladen wollen. Derzeit ist unklar, ob ein Präsident einer solchen Vorladung auch folgen muss –

das müsste wohl der Supreme Court entscheiden. Gleichzeitig hat Harris aus »verlässlicher Quelle«, wie sie später sagen wird, gehört, dass Kavanaugh mit Trumps persönlichem Anwalt Marc Kasowitz gesprochen habe. Kavanaugh wäre also in einem solchen zu verhandelnden Fall als Richter nicht mehr unbefangen.

»Haben Sie mit irgendjemandem in der Anwaltskanzlei Kasowitz Benson Torres, in der Trumps persönlicher Anwalt Marc Kasowitz arbeitet, über die Russland-Ermittlungen gesprochen?«, fragt Harris und warnt: »Denken Sie sorgfältig über Ihre Antwort nach.« Die Art und Weise, wie sie fragt, weckt den Eindruck, dass sie Beweise in der Hinterhand hält. Ein Treffen zwischen den beiden würde den Verdacht wecken, dass sich der Präsident und der von ihm nominierte Richter zu nahestehen, als dass Kavanaugh noch unparteiisch urteilen könnte.

Kavanaugh antwortet, dass er nicht jeden kenne, der in dieser Kanzlei arbeite. »Das müssen Sie auch nicht«, entgegnet Harris. »Sie müssen nur wissen, mit wem Sie gesprochen haben. Es ist eine ganz einfache Frage.« Kavanaugh will wissen, an wen Harris genau denke. Harris sagt: »Ich glaube, Sie haben jemanden im Kopf und wollen uns nicht davon erzählen.« Sie stützt nun ihren Kopf mit dem Zeigefinger und dem Daumen. Eine lange Pause beginnt, bis ihr ein Kollege in den Rücken fällt und das Schweigen bricht. »Herr Vorsitzender, ich möchte eine Beschwerde einlegen«, ruft der republikanische Senator Mike Lee aus Utah dazwischen. In der Stadt gebe es zu viele Anwaltsfirmen und Juristen, da verliere man leicht den Überblick. Harris ist sichtbar erbost über die Unterbrechung.

Sie wiederholt ihre Frage. Kavanaugh antwortet ausweichend, fragt mehrmals nach und wirkt etwas dünnhäutig. Harris lässt sich nicht beirren: »Ich bin überrascht, dass Sie die Frage schon wieder vergessen haben. Ich habe sie vor weniger als einer Minute gestellt.« Wieder kommt Harris auf die Kanzlei Kasowitz Benson Torres zu sprechen, wieder sagt Kavanaugh, er könne das nicht beantworten. Harris hakt noch mehrmals nach, dann sagt sie: »Ich gehe weiter zum nächsten Thema. Offensichtlich wollen Sie die Frage nicht beantworten.« Der Schlagabtausch zwischen den beiden verschafft dem öffentlichen Sender C-Span, der Kongressanhörungen live überträgt, einen seiner am meisten angeschauten Videoclips im ganzen Jahr.

Die Videos werden auch in den sozialen Netzwerken zum Kult. Ob Harris tatsächlich von einem Treffen zwischen Kavanaugh und Trumps persönlichem Anwalt wusste, ist bis heute unklar. Kavanaugh streitet ein solches entschieden ab. Vielleicht hat Harris einfach sehr gut geblufft – so, wie Staatsanwälte das manchmal tun in der Hoffnung, ein Zeuge trete in die Falle. In jedem Fall erreicht sie ihr Minimalziel für die Anhörung: Kavanaugh in die Ecke zu drängen und zu verunsichern. Für die demokratische Basis illustriert der Fall, wie eine schlagkräftige Frau sich behauptet – und wie unnachgiebig Harris in ihrem Befragungsstil ist.

Immer wieder wird die Kavanaugh-Anhörung von Demonstrant*innen unterbrochen. Dennoch bringen die Befragungen keine Skandale um den Kandidaten ans Tageslicht, und so ist Kavanaugh eigentlich auf dem besten Weg dazu, vom Senat Ende September als Richter bestätigt zu werden. Somit würde er, wie von Trump geplant, gleich am 1. Oktober 2018, wenn das Gericht wieder seine Arbeit aufnimmt, die Vakanz füllen.

Doch dann kommt es zu einer Überraschung. Eine Frau namens Dr. Christine Blasey Ford, die an der Universität Stanford als Psychologin forscht, hatte im Juli gehört, dass Brett Kavanaugh im engeren Kandidatenkreis für den freien Supreme-Court-Posten sei. Sie fasst sich ein Herz und schreibt einen Brief an ihre Abgeordnete im Repräsentantenhaus, dann an die kalifornische Senatorin Dianne Feinstein, und vertraut ihnen an, warum Kavanaugh nicht zum Richter ernannt werden sollte. Feinstein, die ranghöchste Demokratin im Justizausschuss, leitet den Brief mit der Bitte um Vertraulichkeit an die Bundespolizei FBI weiter, die wiederum das Weiße Haus und dieses den Justizausschuss im Senat informiert. Allmählich sickert an die Presse durch, dass jemand schwere Vorwürfe gegen Kavanaugh erhebt. Journalisten machen schließlich die Identität von Blasey Ford ausfindig, woraufhin diese doch an die Öffentlichkeit geht und der »Washington Post« ihre Geschichte erzählt: Als Schüler habe Kavanaugh versucht sie zu vergewaltigen. Sie sei fünfzehn Jahre alt gewesen, Kavanaugh siebzehn, als beide im Sommer 1982 in Maryland eine private Party besucht hätten. Schwer betrunken, habe er sie in ein Schlafzimmer gezerrt und sich auf sie geworfen. Sie habe sich aus der Situation befreien können, doch bis heute – dreißig Jahre später – leide sie unter dem Vorfall. Als sie gehört habe, dass Kavanaugh nun für den höchsten Richterposten des Landes nominiert sei, habe sie dies verhindern wollen.

Sofort bricht eine breite gesellschaftliche Diskussion darüber aus, ob man Blasey Ford trauen könne – schließlich liegen die Vorwürfe Jahrzehnte zurück. Ob dahinter eine Verschwörung gegen Kavanaugh stecke. Ob der angebliche Musterkandidat ein Sexualstraftäter sei. Die neu aufflammende Me-Too-Bewegung verleiht dem Fall zusätzliche Brisanz.

Der Justizausschuss des Senats verschiebt seine geplante Abstimmung über Kavanaughs Bestätigung in letzter Minute und lädt Dr. Blasey Ford als Zeugin vor. Harris profitiert in der Befragung erneut von ihrer Erfahrung als Staatsanwältin. Als sie an die Reihe kommt, dankt sie Blasey Ford für ihren Mut und sagt ihr ganz direkt: »Ich glaube Ihnen.« Harris versucht in ihrer Redezeit die Glaubwürdigkeit der Zeugin zu untermauern, indem sie wiederholt, dass Blasey Ford schon vor Jahren ihrem Mann, guten Freunden und ihrer Psychotherapeutin von dem Vorfall erzählt habe. Als ehemalige Staatsanwältin wisse Harris, dass es oft Jahre dauere, bis sich Opfer sexueller Vergehen an die Öffentlichkeit wagen – wenn sie es denn jemals täten. Blasey Ford habe einen Lügendetektortest gemacht und bestanden; Kavanaugh habe sich dem verweigert. »Ich möchte Ihnen dafür danken, dass Sie sich hiermit nach vorne gewagt haben. Denn Sie haben ganz klar nichts dabei zu gewinnen. Sie sind eine echte Patriotin.«

Auch der nominierte Brett Kavanaugh muss noch einmal vor dem Justizausschuss erscheinen. Für ihn steht plötzlich seine gesamte Karriere und Reputation auf dem Spiel. In seiner fast fünfundvierzig Minuten dauernden Eröffnungsrede zeigt er sich wütend, ja fast aggressiv. Er sieht sich als Opfer einer Verschwörung der Linken und betont, wie seine Familie derzeit leide.

Mehrere Senatoren fragen Kavanaugh danach, ob er für eine FBI-Untersuchung des Falls ist. Er antwortet jedes Mal ausweichend, er werde das tun, was der Ausschuss von ihm verlange. Als Harris an die Reihe kommt, stellt auch sie ihm diese Frage: Sind Sie bereit, das Weiße Haus um die Autorisierung einer FBI-Untersuchung zu bitten?« Wieder setzt Kavanaugh zu Ausflüchten an und beginnt zu erklären, wie eine FBI-Untersuchung abläuft. Harris unterbricht ihn sofort. »Sir, ich will nicht mit Ihnen die Vorgehensweise des FBI diskutieren.« Sie wiederholt die Frage, »es ist ein Ja oder Nein, und dann machen wir weiter«. Wieder antwortet Kavanaugh nicht, wieder unterbricht Harris ihn. Schließlich sagt sie: »Ich nehme das als ein Nein.« Die Befragung geht einige Minuten weiter, bis Harris zu einem pointierten Ende kommt: »Haben Sie die Zeugenaussage von Dr. Blasey Ford angeschaut?« Es ist eine simple, vielsagende Frage, die bisher niemand gestellt hat. Kavanaugh verneint und fängt an zu stottern, dass er es eigentlich vorgehabt habe, doch Harris unterbricht ihn. »Keine weiteren Fragen«, sagt sie. Sie lässt diese letzte Aussage nachhallen. Auch dieser Austausch wird ihr massive Aufmerksamkeit bescheren.

Letztendlich kommt es zu einer FBI-Untersuchung in der Kausa, allerdings einer sehr eingeschränkten. Nach einem tagelangen Hin und Her wird der Senator Jeff Flake aus Arizona zum Zünglein an der Waage: Er liefert die entscheidende Stimme dafür, dass sich der Justizausschuss mit 11 Ja- und 10 Nein- Stimmen für die Ernennung von Kavanaugh zum Supreme-Court-Richter ausspricht. Nun muss der gesamte Senat über die Personalie abstimmen. Am 6. Oktober 2018 wird Brett Kavanaugh mit 50 zu 48 Stimmen zum Richter ernannt. Es ist die knappste Bestätigung eines Obersten Richters in der Geschichte des Landes.

Harris gilt als Galionsfigur des Widerstands gegen Kavanaugh und wird von der Linken dafür gefeiert. Doch auch unter ihren republikanischen Senatskollegen hat sich die frisch gebackene Senatorin Respekt verdient. »Sie ist eine echte Kämpferin, Sie haben das zwischen ihr und mir bei den Kavanaugh-Anhörungen gesehen«, sagt der Vorsitzende des Justizausschusses Chuck Grassley, den Harris so prominent unterbrochen hatte, in einem Interview. »Wenn ich in der Minderheitspartei wäre und nicht wollte, dass jemand wie Kavanaugh in den Supreme Court kommt, hätte ich vermutlich den gleichen Ansatz gewählt.« Auch der Senator Lindsay Graham aus South Carolina äußert sich voller Respekt über Harris. »Einige der Kavanaugh-Sachen waren nicht nach meinem Geschmack, aber ich denke, sie ist sehr klug und hat Charakterstärke. Jeder, der sie unterschätzt, tut das auf sein eigenes Risiko.«

Im Justizausschuss sitzt auch Corey Booker, ein Demokrat aus New Jersey. Er und Harris sind privat befreundet, zudem sind die beiden die einzigen afroamerikanischen Senatoren der Demokratischen Partei.

Auch er ist voll des Lobes. »Als ich in den Senat einzog, war ich erstaunt, wie wenig Diversität es dort gab. Es war der am wenigsten diverse Ort, an dem ich je gearbeitet habe. Ich wusste, dass Harris den Senat ab dem ersten Tag verändern würde – schlichtweg durch ihre Präsenz.« Wenn er neben Harris in den Ausschuss-Anhörungen sitze, werde er manchmal von ihren Befragungen mitgerissen und vergesse, dass er seine Mimik kontrollieren müsse, weil er im Kameraausschnitt zu sehen ist. Wenn Harris dann Fragen stelle, denke er sich oft: »Uh, au! Das muss weh getan haben.«

Booker sitzt auch neben Harris, als sie einige Monate später erneut in einer wichtigen Befragung auf sich aufmerksam macht: Im Mai 2019 wird der inzwischen zum Justizminister ernannte William Barr vor den Justizausschuss geladen. Er muss sein Vorgehen bezüglich des Abschlussberichts des Sonderermittlers Robert Mueller rechtfertigen.

Barr spielte bei der Veröffentlichung dieses Berichts eine bizarre Rolle: Nachdem Mueller ihm das 448 Seiten umfassende Dokument vorgelegt hatte, schickte Barr eine vierseitige Zusammenfassung an den Kongress mit der fragwürdigen Schlussfolgerung, dass die gefundenen Beweise »nicht ausreichen, um nachzuweisen, dass der Präsident die Arbeit der Justiz behindert habe.« Soll heißen: Trump kann nichts vorgeworfen werden. Daraufhin beschwerte sich der Sonderermittler Mueller persönlich bei Barr, weil weder die Zusammenfassung noch das Fazit den Inhalt des Abschlussberichts korrekt wiedergäben.

In der Befragung im Justizausschuss geht es nun darum, wie Barr zu diesem Schluss gekommen ist. Wie gewohnt ist Harris scharf in ihrem Befragungsstil, unterbricht Barr, wenn er anfängt abzuschweifen, und erinnert ihn mehrmals: »Ich stelle hier die Fragen.« Stück für Stück zeichnet sie das Bild eines Justizministers, der seine Entscheidung, Trump nicht anzuklagen, unsorgfältig getroffen hat – Barr hatte, wie er zugibt, nicht einmal die Beweise, welche die Ermittlungen ans Licht gebracht hatten, separat geprüft.

Die Anhörung hat letzten Endes kein Nachspiel für Barr – doch Harris verschafft sie erneut breite öffentliche Aufmerksamkeit. »Harris nimmt Barr wie einen Fisch aus und lässt ihn auf den Boden fallen«, schreibt »Vanity Fair«; »Harris offenbart das große Problem mit William Barr«, titelt die »New York Times«.

Ihre öffentlichen Schlagabtausche mögen Harris bei großen Teilen der Bevölkerung bekannt gemacht haben. Doch legislativ hat sie in jenen vier Jahren im Senat wenig zustande gebracht. Schuld daran trägt vor allem die tiefe parteipolitische Spaltung im Kongress und dass Harris der Minderheitspartei angehört. Der Kongress bekommt in jenen Jahren kaum etwas verabschiedet – bisweilen nicht einmal eine kurzfristige Finanzierung des Haushalts.

Harris unternimmt durchaus Anläufe für Gesetzesreformen und sucht sich dafür auch unter den Republikanern Verbündete: Mit Rand Paul aus Kentucky schreibt sie einen Gesetzesentwurf, um das Kautionswesen (Cash Bail) zu reformieren – also die Geldsumme, die verhaftete Straftäter hinterlegen müssen, um bis zu ihrem Verhandlungsbeginn auf freien Fuß zu kommen. »Ob jemand im Gefängnis bleiben muss oder nicht, hängt zu oft vom Vermögen oder den sozialen Kontakten ab. Dabei können schon ein paar Tage hinter Gittern Leute ihren Job, ihr Zuhause, das Sorgerecht für ihre Kinder oder das Leben kosten«, schreiben Harris und Paul in einem gemeinsamen Meinungsbeitrag in der »New York Times«. Neun von zehn Angeklagten könnten die verhängte Kaution nicht auftreiben und müssten teils jahrelang im Gefängnis auf ihren Prozess warten. Zudem tut sich Harris mit drei republikanischen und zwei demokratischen Senatskollegen zusammen im Versuch, das amerikanische Wahlsystem sicherer gegenüber Cyberangriffen zu machen. Dass es dringend eine Überholung der vielerorts veralteten Wahlsysteme in den 50 Bundesstaaten braucht, hatte die Präsidentenwahl 2016 eindrücklich gezeigt. Doch auch diese beiden Gesetzesvorhaben fallen den politischen Gräben in Washington zum Opfer: Die nötigen Mehrheiten für Reformen sind in einem tief gespaltenen Kongress nicht zu bekommen.

Ende 2018 bringt Harris dann einen eigenen Vorschlag ein, Arbeiterfamilien mit Steuernachlässen unter die Arme zu greifen. Auch unterstützt sie den Gesetzesvorschlag von Bernie Sanders, eine universelle Krankenversicherung einzuführen (»Medicare for all«). Bei beiden Vorhaben ist von Anfang an klar, dass sie im republikanisch dominierten Senat chancenlos sein werden. Doch sie sind wohl als Signale an die linke Basis der Demokraten gedacht – als Vorgeschmack auf den bevorstehenden Präsidentschaftswahlkampf und darauf, wie eine Harris-Agenda aussehen könnte.

Ihre Senatskollegen äußern sich positiv über Harris – auch die republikanischen. »Sie ist wirklich klug, die Leute mögen sie«, sagt Lindsey Graham aus South Carolina dem »San Francisco Chronicle«. Senator James Lankford, der mit ihr gemeinsam das US-Militär in Afghanistan besuchte, nennt sie eine »gute Zuhörerin« und »extrem umgänglich«.

»Ich habe nie auch nur ansatzweise Spuren einer Feindschaft zwischen Harris und jemand anderem gesehen«, erzählt die »Chronicle«-Journalistin Tal Kopan. »Sie schlagen sich die Köpfe über Politik ein, aber auf einer persönlichen Ebene äußert sich niemand kritisch über sie.« Harris' Kollegin im Senat, die hawaiianische Senatorin Mazie Horono, fasst es so zusammen: Harris verstehe es hervorragend, Netzwerke in Washington zu pflegen – ob zu Republikanern, Demokraten oder früheren Kongressmitgliedern.

Harris' legislatives Erbe im Senat mag dünn ausfallen – doch sie sieht ihre Zukunft ohnehin nicht als Gesetzgeberin im Kongress. Wann Harris genau die Idee hat, 2020 für das Präsidentenamt zu kandidieren, ist nicht ganz klar. Dass sie dies irgendwann tun würde, munkelten politische Beobachter allerdings schon lange. Manche sagen, sie habe seit Jahrzehnten gezielt auf eine Präsidentschaftskandidatur hingearbeitet. Das Magazin »The New Yorker« zitiert einen nicht näher genannten langjährigen Spender der Demokratischen Partei, der mit Blick auf die Erwartungshaltung der Amerikaner an die Präsidentenfamilie sagte: »Als sie Doug heiratete, wusste ich, dass sie Präsidentin werden will.«

Ihr früherer Wahlkampfmanager Brian Brokaw streitet ab, dass Harris einen langgehegten Plan gehabt habe. »Sie ist sehr abergläubisch«, erzählt er mir; sie habe mal zu ihm gesagt, viele Inder seien das. Harris klopfe immer drei Mal auf Holz und plane nie groß voraus – das bringe schließlich Unglück.

Spätestens, als durchsickert, dass Harris Anfang 2019 ihre Biografie »The Truths We Hold« veröffentlichen will, ist klar, was ihr nächster Schritt sein wird. Schließlich ist es ein ungeschriebenes Gesetz, dass ein Präsidentschaftskandidat sich zunächst mit seiner Biografie dem amerikanischen Volk vorstellt.

Dass Harris das Weiße Haus nach nur zwei Jahren im Kongress ins Visier nimmt, wirkt für viele verfrüht. Doch ein anderer Schwarzer Senator hatte dies gut zehn Jahre zuvor genauso gemacht – und für Barack Obama ging die Rechnung bekanntlich auf. Als Ende 2018 der demokratische Vorwahlkampf allmählich beginnt, gehen auch die Spekulationen los, wann und wie Kamala Harris ihre Kandidatur bekannt geben wird. Die Antwort lässt nicht lange auf sich warten.

# 6

## Missglückter Griff nach den Sternen

Oakland zeigt sich an diesem Sonntag im Januar 2019 von seiner Bilderbuchseite: blauer Himmel, strahlende Sonne, T-Shirt-Temperaturen. Das Wahlkampfteam von Kamala Harris hätte sich kein besseres Wetter wünschen können. Schon am Morgen drängen sich Tausende Menschen in der Innenstadt. Familien mit kleinen Kindern, ältere Damen, Gruppen junger Frauen strömen alle in die gleiche Richtung. Ordnungswächter schleusen die Ankommenden in eine Reihe, die sich bald kilometerlang durch die Stadt windet. Manche warten seit Stunden, als die Wächter endlich den Platz vor dem Rathaus freigeben.

Dort sind Tribünen und Leinwände aufgebaut, Musik dröhnt aus Lautsprechern, riesige US-Flaggen wehen. Man könnte meinen, gleich gehe ein Popkonzert los, verteilten da nicht ehrenamtliche Helfer Plakate mit der Aufschrift: »Kamala Harris – For the People«.

Mehr als 20 000 Besucher*innen kommen an diesem Tag zum offiziellen Auftakt von Harris' Präsidentschaftswahlkampf nach Oakland – ihr Stab hatte mit einem Bruchteil davon gerechnet. Experten nehmen die Zuschauermassen bei solchen Auftritten als Indikator für den Rückhalt, den ein Kandidat bei den Bürgern tatsächlich genießt. Die Besuchermenge an jenem Sonntag in Oakland ist beeindruckend – zu Barack Obamas Wahlkampfauftakt kamen einst 16 000 Zuschauer, was damals als viel galt.

Auffällig viele Frauen und Afroamerikaner stehen im Publikum, Zuschauer klettern auf Podeste und Bänke, um besser auf den Platz vor dem Rathaus sehen zu können. Alles ist in Lila, Rot und Gelb dekoriert – Harris' Wahlkampf-Farben sind nicht zufällig die gleichen, die Shirley Chisholm fast fünfzig Jahre zuvor für ihren Wahlkampf als erste Schwarze Präsidentschaftsanwärterin ausgewählt hatte. Im VIP-Bereich stehen die Bürgermeisterinnen von Oakland und von San Francisco, Kamerateams aller großen Fernsehsender bauen ihre Geräte auf. Eine Band und ein halbes Dutzend Vorredner heizen die Menge auf, diese wird jedoch allmählich ungeduldig, als um viertel vor zwei am Nachmittag endlich die Frau der Stunde auf die Bühne kommt. Harris, wie so oft im dunklen Hosenanzug und mit Perlenkette, winkt strahlend in die Menge; sie legt ihre Hand aufs Herz und schaut ungläubig auf die Menschenmasse. Aus den Lautsprechern dröhnt die Stimme der schwarzen Hip-Hopperin Mary J. Blige: »Follow me, follow me, follow me«. Die Menge jubelt minutenlang. »Wie geht's, Oakland?«, ruft Harris schließlich zur Begrüßung und kann gar nicht aufhören zu lachen und zu strahlen. Die antwortet mit Sprechchören: »Kamala! Kamala!«

Sechs Tage zuvor, am 21. Januar, dem Martin Luther King jr. gewidmeten Feiertag, hatte Harris die Spekulationen beendet. Im Frühstücksfernsehen »Good Morning America« verkündete sie: »Ich kandidiere um die Präsidentschaft!« Zu jenem Zeitpunkt hatten bereits drei andere Demokraten ihren Hut in den Ring geworfen, letztendlich werden es mehr als zwei Dutzend Kandidatinnen und Kandidaten sein – so viele wie seit Jahrzehnten nicht mehr bei einer parteiinternen Vorwahl. Wenige Stunden nach dem Auftritt im Frühstücksfernsehen besuchte Harris ihre Alma Mater Howard in Washington. Doch den offiziellen Startschuss für ihren Wahlkampf will sie an diesem Sonntag hier geben, in ihrer Geburtsstadt Oakland.

Oakland und nicht Berkeley – auch damit unterstreicht sie wieder, dass sie sich mehr den Afroamerikanern und weniger den linken Akademikern verbunden fühlt. Gleich zu Beginn der Rede bezeichnet Harris sich selbst als »Tochter Oaklands«, mit der Hand deutet sie in Richtung des Spitals, in dem sie vor vierundfünfzig Jahren geboren wurde. Dann findet sie klare Worte für die Probleme, die es zu lösen gebe. »Rassismus, Sexismus, Homophobie gehören zum Alltag in Amerika. Unser Strafrecht muss verbessert werden. Pharmakonzerne haben eine Opiat-Epidemie in unserem Land entfesselt. Mütter und Väter müssen ihren Kindern beibringen, dass sie angehalten, verhaftet und getötet werden könnten nur wegen ihrer Hautfarbe.«

Doch Harris wird auch Kritik dafür ernten, dass sie mit keinem Wort das Thema Obdachlosigkeit anspricht. Wie andere kalifornische Städte ist Oakland massiv von dem Problem betroffen: In der Stadt mit gut 400 000 Einwohnern leben etwa 4000 Personen ohne festen Wohnsitz, viele von ihnen in Zelten, ihren Autos oder einfach auf dem Bürgersteig. Besonders in den vergangenen Jahren hat das Problem angesichts steigender Immobilienpreise und Lebenshaltungskosten im Silicon Valley zugenommen. Wie überall in den USA sind Schwarze heftiger betroffen als jede andere Bevölkerungsgruppe: Sie machen 14 Prozent der amerikanischen Bevölkerung aus, aber landesweit etwa 40 Prozent aller Obdachlosen. Harris, die sich in Oakland als Schwarze Kandidatin feiern lässt, hätte das Problem zumindest ansprechen müssen, sagen ihre Kritiker. Stattdessen sorgte ihr Team dafür, dass die Innenstadt für den Wahlkampf-Auftakt von Obdachlosen an jenem Tag »gesäubert« wurde.

Harris greift während ihrer dreißigminütigen Rede immer wieder tief in die Populismus-Kiste: Sie fordert eine universelle Krankenversicherung, Steuererleichterungen für Familien und ein kostenloses Studium. Als Präsidentschaftskandidatin wirkt sie auf einmal viel linkspopulistischer, als es die Kalifornier von ihrer früheren Bezirksstaatsanwältin, Justizministerin und Senatorin gewohnt sind. Allerdings ist es üblich, dass Kandidaten im innerparteilichen Vorwahlkampf eher die extremen Positionen einnehmen. Später, wenn es auf die eigentliche Wahl zugeht und sie Anhänger beider Parteien von sich überzeugen wollen, rudern die Kandidaten erfahrungsgemäß Richtung politische Mitte zurück.

Ihren Auftritt beendet Harris mit einem demütigen Gedanken. »Ich bin weiß Gott nicht perfekt, aber ich verspreche euch, dass ich immer mit Anstand reden und alle Menschen mit Respekt behandeln werde.« Es ist eine Anspielung auf Präsident Trump, den sie bald herauszufordern hofft; in ihrer Rede hat sie ihn nur einmal namentlich genannt. Dann dröhnt wieder Musik aus den Lautsprechern, ihr Mann kommt zu ihr auf die Bühne, ebenso ihre Schwester Maya. Die ganze Großfamilie ist da und feiert Harris gemeinsam mit den Zuschauern.

Ihre Anhänger zeigen sich nach dem Auftritt begeistert. Der fünfundzwanzigjährige Afroamerikaner Nosa erzählt, schon jetzt sei er euphorischer als bei Hillary Clintons Wahlkampf 2016. Adrian, 46, und Nicole, 29, standen eineinhalb Stunden an, um Harris zumindest aus der Ferne zu sehen – doch »das war es wert«, finden sie. Eine ältere Afroamerikanerin, die mit ihrem sechsjährigen Neffen in der Menschenmenge steht, sagt ganz offen, dass sie Harris' Präsidentschaftsambitionen eigentlich verfrüht fand. »Aber mein Sohn hat mich daran erinnert, dass Barack Obama auch nach nur zwei Jahren im Senat kandidiert hatte.«

Der Auftritt in Oakland ist für Harris der Startschuss für einen Wettlauf gegen die Zeit. In den kommenden Wochen gibt ein Demokrat nach dem anderen seine Kandidatur bekannt, es wird das diverseste Feld an Anwärtern für das Weiße Haus, das Amerika je gesehen hat. Harris' Senatskollege Corey Booker tritt an; der Latino Julian Castro, der einst in Obamas Kabinett saß; der offen homosexuelle Bürgermeister aus Indiana, Pete Buttigieg; die Milliardäre Michael Bloomberg und Tom Steyer; der Senator und selbsterklärte »demokratische Sozialist« Bernie Sanders; die Senatorinnen Kirsten Gillibrand und Elizabeth Warren. Und natürlich Joe Biden, der frühere Vizepräsident unter Barack Obama. Er gilt von Anfang an als Favorit in diesem riesigen Kandidatenfeld und liegt in allen Umfragen mindestens zehn Prozentpunkte vorn.

Doch bis zu den ersten parteiinternen Vorwahlen sind es noch zwölf, bis zur Präsidentenwahl gar noch zweiundzwanzig Monate. Wer in einem solchen Rennen durchhalten und aus einem so großen Kandidatenfeld herausragen will, muss viel Wahlwerbung schalten, Mitarbeiter einstellen, ein Logistiknetz aufbauen. Sprich: Er oder sie braucht viel Geld. Geld ist in Amerika der Sauerstoff, der eine Präsidentschaftskandidatur am Leben hält.

Harris kann auf ein großes Netzwerk an Unterstützern und Fans zurückgreifen: Schon in den ersten 24 Stunden nach dem offiziellen Beginn ihrer Kandidatur nimmt sie eineinhalb Millionen Dollar ein. Auch dieses Mal helfen ihr die Kanzlei-Kontakte ihres Mannes. Ebenso findet Harris im Netzwerk ihrer alten Howard-Verbindung Alpha-Kappa-Alpha viele Unterstützerinnen. Letztendlich wird sie im Laufe des Jahres stolze 40 Millionen Dollar einsammeln.

Harris reist nach Iowa, New Hampshire, Nevada, South Carolina – also dorthin, wo Anfang 2020 die ersten Vorwahlen stattfinden werden. Wer in diesen wichtigen Rennen gut abschneidet, geht bekanntlich mit Rückenwind in die nächsten Runden. Bei Wahlkampf-Auftritten trägt sie meist ein Jackett, dazu Jeans und Chuck-Taylor-Turnschuhe – ihr Lieblingsoutfit, das im Wahlkampf bald ihr Markenzeichen wird.

Wie es Harris von ihrer Mutter gelernt hat, versucht sie mit den Bürger*innen vor Ort bei gemeinsamen Mahlzeiten in Kontakt zu treten. »Sie hat es geliebt, lokale Restaurants zu finden und mit Leuten dort zu reden«, erzählt ihre frühere Kommunikationschefin Lily Adams in einem Interview. »Auch am Ende eines langen Tages, selbst wenn es kein offizieller Termin war, wollte sie immer einen Ort finden, an dem wir beim Essen mit Leuten ins Gespräch kommen konnten. Das war ihre Art und Weise, mit den Bürgern eine Verbindung aufzubauen.«

In Umfragen liegt Harris zu Beginn des Wahlkampfs

noch im Mittelfeld der Kandidaten, doch viele Beobachter schreiben ihr gute Chancen zu, sich ins Spitzenfeld vorzuarbeiten. Sie selbst gibt sich gewohnt selbstbewusst. Als im Mai die Vereinigung afroamerikanischer Kongressabgeordneter die Idee aufwirft, Harris wäre eine ideale Vizepräsidentin für den Favoriten Joe Biden, kontert sie in einem Interview: »Ich denke, Joe Biden würde einen hervorragenden Vizepräsidenten abgeben. Er hat bereits gezeigt, dass er weiß, wie der Job zu machen ist.«

Wohl im Versuch, sich locker und nahbar zu zeigen, löst sie bald eine Kontroverse aus: In einem Interview mit einer beliebten Radiosendung wird sie gefragt, ob sie selbst schon mal gekifft habe. »Machst du Witze?«, entgegnet Harris, »ich sage immer scherzend – also so halbscherzend – dass schließlich meine halbe Familie aus Jamaika ist.« Ihren Vater, der sich bisher ganz bewusst aus ihrem öffentlichen Leben herausgehalten hat, erbost diese Aussage sehr. »Meine liebe verstorbene Großmutter, ebenso wie meine verstorbenen Eltern drehen sich Grab um, wenn sie sehen, wie der Name und Ruf der Familie, ebenso wie ihre jamaikanische Identität mit diesem Vorurteil von Kiffern in Verbindung gebracht werden – egal ob im Scherz oder nicht. Und das alles nur für einen politischen Vorteil«, schreibt Donald Harris in einer Stellungname für einen Blog der jamaikanischen Diaspora. »In meinem Namen und in dem meiner nahen jamaikanischen Verwandtschaft möchten wir uns ganz klar von dieser Posse distanzieren.«

Eine Journalistin spricht Harris darauf an, was sie zu der öffentlichen elterlichen Maßregelung sagt. »Er hat ein Recht auf seine eigene Meinung«, sagt Harris knapp. Auf die Nachfrage, ob sie nur ungern über ihren Vater rede, antwortet sie: »Ich rede gern über meinen Vater – aber, Sie wissen schon«, und zieht die Augenbrauen hoch. Seit jenem Vorfall hält sich Donald Harris wieder komplett aus dem öffentlichen Leben seiner Tochter heraus und besucht auch die Amtseinführung im Januar 2021 nicht.

Dass Wahlkampfauftritte nicht immer ungefährlich sind, zeigt sich Anfang Juni, als Harris bei einer Konferenz in San Francisco spricht. Als sie gerade mit der Moderatorin über Lohnunterschiede bei Männern und Frauen diskutiert, springt plötzlich ein Demonstrant auf die Bühne, schreitet auf Harris zu und reißt ihr das Mikrofon aus der Hand. Er wolle über andere Ideen sprechen, ruft er in den Raum. Später wird sich herausstellen, dass der Mann der Tierschutzorganisation »Direct Action Everywhere« angehört, die für ihren radikalen Aktivismus bekannt ist. Die Moderatorin schiebt sich vor Harris, um sie abzuschirmen, hinter dem Rücken verschwindet diese schnell von der Bühne. Nach wenigen Augenblicken springen mehrere Männer zu Hilfe, darunter auch Harris' Ehemann Emhoff. Gemeinsam zerren sie den Eindringling weg. Nach wenigen Minuten kehrt Harris zurück aufs Podium, die Veranstaltung geht weiter. Der Vorfall weckt Erinnerungen an die Kongressabgeordnete Gabby Giffords, die 2011 bei einem öffentlichen Auftritt wesentlich Schlimmeres erlebte: Ihr wurde von einem Attentäter in den Kopf geschossen, seitdem ist sie schwer behindert. Doch die Episode brachte Emhoff auch Anerkennung in den sozialen Netzwerken für sein beherztes Einschreiten ein – und den Kosenamen »persönlicher Sicherheitschef von Kamala Harris«.

Ende Juni kommt es zum ersten offiziellen Höhepunkt im langen Vorwahlkampf: Zum ersten Mal duellieren sich die Kandidaten der Demokraten bei einer Fernsehdebatte; in den nächsten neun Monaten wird es elf solcher Debatten geben. Harris liegt zu diesem Zeitpunkt im Durchschnitt der Umfragen bei sieben Prozentpunkten, weit hinter Joe Biden (32 Prozent), Bernie Sanders (17 Prozent) und Elizabeth Warren (13 Prozent). Per Losverfahren werden die Kandidaten auf zwei Debattenabende verteilt, Harris hat Glück: Sie bekommt den gleichen Termin zugeteilt wie der Favorit Biden. Eigentlich kennen und mögen sich die beiden seit langem, auch privat – Harris und Emhoff haben noch immer die Sprachnachricht gespeichert, mit der ihnen Joe Biden Jahre zuvor zur Verlobung gratuliert hatte. Doch im Vorwahlkampf um die Präsidentschaftskandidatur zählen Freundschaften wenig.

In der Fernsehdebatte sieht Harris ihre Chance, sich von der Masse der Kandidaten abzusetzen – und vor allem von Biden. »Wir dachten, das ist eine riesige Gelegenheit, einen ersten Eindruck zu hinterlassen«, sagte ihre damalige Kommunikationschefin, Lily Adams, in einem Interview. »Ein Ziel war, Stärke zu demonstrieren und so einen Auftritt zu liefern, dass die demokratischen Wähler nachher sagen würden: ›Die soll gegen Trump antreten.‹« Die Wähler*innen sollten jene Harris sehen, die sie als knallharte Fragestellerin aus den Senatsanhörungen kannten. Das zweite Ziel der Debatte sei gewesen, so Adams, bei jeder Frage die eigenen Prioritäten klar zu vermitteln – das, was Harris ihre Drei-Uhr-morgens-Agenda nennt, jene Themen also, die sie nachts angeblich wach halten.

Harris liefert mehrere starke Momente während der zweistündigen Debatte. Als an einem Punkt alle Kandidaten durcheinanderreden, ergreift sie wie eine Mutter das Wort: »Hey, Leute, wisst ihr was? Amerika will keiner Essensschlacht zuschauen, sondern wissen, wie wir Essen auf den Tisch bringen.« Auch wenn der Spruch einstudiert wirkt, bringt er Harris einen wertvollen Moment der Aufmerksamkeit.

Nach etwa der Hälfte sieht sie dann den Augenblick gekommen, auf den sie gehofft hatte. Mehrere Kandidaten sprechen über Polizeigewalt, als Harris sich einmischt: »Als einzige Schwarze Person hier auf der Bühne würde ich gerne etwas zum Thema Ethnizität sagen.« Das Publikum und die anderen Kandidaten verstummen, alle hören jetzt Harris zu. Sie spricht über die anhaltenden Rassismus-Probleme im Land – und wendet sich plötzlich an Biden, der zwei Pulte neben ihr steht. »Ich glaube nicht, dass Sie ein Rassist sind«, sagt sie – aber wirft ihm im nächsten Satz vor, dass er einst als Senator mit Befürwortern der Rassentrennung zusammengearbeitet hatte. »Es war auch extrem schmerzhaft, Sie jüngst über zwei Senatoren reden zu hören, deren Karriere auf der Rassentrennung in diesem Land fußte.« Und nicht nur das, legt Harris nach – Biden habe mit den beiden republikanischen Senatoren gemeinsam gegen die Busing-Politik in den 1970ern gestimmt; also das staatlich angeordnete Schulbus-Programm für weiße und nicht-weiße Schüler, das dabei helfen sollte, die Rassentrennung zu überwinden. In den Wochen vor der Fernsehdebatte war Biden in den Schlagzeilen gelandet, weil er die besagte umstrittene Zusammenarbeit mit den Senatoren als Beispiele dafür gelobt hatte, dass Republikaner und Demokraten damals noch zusammengearbeitet hatten.

»Da war ein kleines Mädchen in Kalifornien«, fügt Harris an und wendet sich nun mit dem Blick an die Fernsehzuschauer, »die dem zweiten Jahrgang angehörte, dessen öffentliche Schulen integriert wurden, und die jeden Tag mit dem Bus in eine solche Schule gefahren wurde. – Und das kleine Mädchen war ich.« Als Justizministerin in Kalifornien habe sie selbst wiederum gegen Rassismus gekämpft und dafür gesorgt, dass die ihr unterstellten Polizeibeamten allesamt Körperkameras trugen.

Während all dessen ist der Bildschirm zweigeteilt, neben Harris' sieht man Bidens Gesicht in Nahaufnahme, wie er auf den Boden schaut. Der Raum jubelt in Unterstützung für Harris, die Moderatoren erteilen Biden das Wort. »Das ist eine Falschdarstellung meiner Position von vorne bis hinten. Ich habe Rassisten nie gelobt, das ist einfach nicht wahr.« Er erinnert die Zuschauer daran, dass er einst eine Karriere in einer Anwaltskanzlei aufgegeben habe, um Strafverteidiger zu werden, und dass er der Vizepräsident unter dem ersten Schwarzen Präsidenten war.

Harris lässt jedoch nicht locker: »Geben Sie hier und heute zu, dass es falsch war, gegen das Busing zu stimmen?« Ein Wortgefecht zwischen den beiden bricht aus, in dem Biden klarstellt, dass er nie grundsätzlich gegen Busing war, sondern nur dagegen, dass das Bildungsministerium den Schulen diese Integrationsmaßnahme aufzwang, weil solche Entscheidungen Sache der Bundesstaaten und Gemeinden sein sollten. Harris entgegnet mit lauter, schriller Stimme, dass auch das eine falsche Entscheidung war.

18 Millionen Zuschauer*innen verfolgen diesen Streit vor den Fernsehbildschirmen. Er dauert keine fünf Minuten, doch es ist klar der Höhepunkt des Abends – und bis heute einer der prägnantesten Momente des gesamten Wahlkampfs 2020. Schon wenige Stunden nach dem Ende der Fernsehdebatte verkauft Harris' Wahlkampfstab im Internet T-Shirts mit einem Foto von Harris als Siebenjähriger und der Aufschrift: »Das kleine Mädchen war ich«. Mitarbeiter verbreiten Videoclips der Szene in den sozialen Netzwerken und in E-Mails an potenzielle Geldgeber. Das ganze Land spricht am nächsten Tag über das Wortgefecht und wie Harris den Favoriten frontal angegriffen hat.

Es ist klar, dass der Moment einstudiert war. Doch der Auftritt bringt Harris' Wahlkampf genau den Aufschwung, auf den ihr Team gehofft hatte: Innerhalb von 24 Stunden nimmt sie zwei Millionen Dollar an Spenden ein, in der nächsten Woche schießt sie im Durchschnitt der Umfragen von 7 auf 15 Prozentpunkte. Zwei Wochen lang liegt sie nun gleichauf mit den Senatoren Sanders und Warren auf Platz zwei hinter Biden.

Bidens Team nimmt ihr den Auftritt übel. Harris ließ ihn enorm schwach aussehen, besonders, da Biden seine Gegendarstellung irgendwann abbrach mit den doppeldeutigen Worten »Meine Zeit ist abgelaufen«. Sollte er so gegen Trump antreten, sind sich die Kommentatoren einig, hätten die Demokraten die Wahl gleich verloren.

Carol Moseley Braun, die erste Schwarze Senatorin und inzwischen eine Anhängerin Bidens, verurteilt Harris öffentlich für ihren »fehlgeleiteten Ehrgeiz«. Auch Bidens Ehefrau Jill äußert sich kritisch über Harris' Auftritt. Es sei »wie ein unerwarteter Schlag in die Magengrube« gewesen, gibt sie später in einem Interview zu. Gemäß Medienberichten fand sie kurz nach der Debatte noch deutlichere Worte: »Bei all dem, wofür Joe sich einsetzt, was ihm wichtig ist, auf die Bühne zu gehen und ihn grundlos einen Rassisten zu nennen? Zur Hölle mit der!«, soll sie in einem Telefonat mit engen Unterstützern gesagt haben.

Als Biden im folgenden Jahr nach einer Vizepräsidentschaftskandidatin sucht, raten ihm manche Berater wegen dieses Auftritts von Harris ab. Auch Barbara Boxer, Harris' Vorgängerin im Senat, fand Harris' Angriff gegen Biden enorm hart, wie sie im Gespräch erzählt. »Ich habe das vor den Bildschirmen verfolgt und dachte mir nur ›Oh mein Gott!‹«, sagt Boxer und macht mit den Händen eine abwehrende Geste. Biden hätte ihr den Angriff nur nachgesehen, weil sein Sohn Beau Harris so nahestand. »Ich muss Ihnen sagen, wenn mich jemand so angegriffen hätte … Aber das zeigt Ihnen, wie sehr Joe verzeihen kann und wie sehr er ihre Beziehung unabhängig von diesem einen Vorfall schätzt.«

Doch auch die anderen Kandidaten haben Harris' Auftritt genau beobachtet – und schlagen wenige Wochen später mit den gleichen Waffen zu. Bei der nächsten Fernsehdebatte Ende Juli unternimmt die Kandidatin Tulsi Gabbard ihrerseits einen Frontalangriff gegen Harris, in der Hoffnung, sich so ebenfalls einen Scheinwerfermoment zu sichern. Gabbard ist Kongressabgeordnete aus Hawaii und die jüngste Frau im Kandidatenfeld. Im Durchschnitt der Umfragen liegt die Achtunddreißigjährige abgeschlagen auf dem vorletzten Platz, als die Demokraten Ende Juli in

Detroit zur zweiten Fernsehdebatte zusammenkommen. Gabbard greift Harris an, wo es ihr am meisten weh tut – bei ihrer Karriere als Strafverfolgerin. Harris' Verdienste geben ihr »Grund zur Sorge«, sagt Gabbard, als die Sprache auf das Justizwesen im Land fällt. »Sie hat mehr als 1500 Personen wegen Marihuana-Vergehen ins Gefängnis gebracht und dann nur gelacht, als man sie fragte, ob sie selbst schon mal gekifft habe.« Das Publikum applaudiert, Gabbard legt nach: Harris habe als Strafverfolgerin exorbitante Kautionssummen von Angeklagten gefordert und Insassen über deren Haftzeiten hinaus als kostenlose Arbeitskräfte für den kalifornischen Staat genutzt. Sie spielt damit auf die in Kalifornien verbreitete Praxis an, Gefängnisinsassen auf freiwilliger Basis im Kampf gegen Waldbrände einzusetzen.

Gabbard hat insofern Recht, als während Harris' Zeit als Justizministerin ihre Mitarbeiter vor Gericht Beschwerde dagegen eingelegt hatten, dass einige Insassen zur Entlastung der übervollen Gefängnisse frühzeitig hätten entlassen werden sollen; der Bundesstaat bräuchte diese Arbeitskräfte gegen die Waldbrände. Doch Gabbards Darstellung an diesem Abend ist auch irreführend, denn der zuständige Richter hatte die Forderung der Staatsanwaltschaft bereits abgelehnt – und auch Harris hatte sich in Interviews darüber empört, dass ihre Mitarbeiter dies ohne ihr Einverständnis verlangt hätten.

Aus Harris, der Jägerin, wird plötzlich Harris, die Gejagte. Sie rechtfertigt sich, ihre Stimme zittert: Sie habe als Justizministerin ein Strafverfolgungssystem in einem Bundesstaat mit 40 Millionen Menschen vorbildlich reformiert. Mit einem Seitenhieb auf die Abgeordnete Gabbard sagt sie: »Ich bin stolz darauf, dass ich nicht nur hochtrabende Reden als Kongressabgeordnete halte, sondern tatsächlich Dinge verändere mit der Macht, die mir gegeben wurde, in einem System, das dringend reformbedürftig ist.« Doch auch Gabbard ist noch nicht fertig. Sie hackt weiter auf Harris' Zeit als Staatsanwältin herum, insbesondere auf der Tatsache, dass sie als Justizministerin die Todesstrafe verteidigt habe – ein Thema, das an der Basis der Demokraten heftig umstritten ist. Ähnlich wie es Harris zuvor mit Biden getan hat, versucht nun auch Gabbard, Harris in eine Ecke zu drängen. »Es gibt keine Erklärung dafür, was die Leute unter Ihrer Ägide als Staatsanwältin leiden mussten. Sie schulden ihnen allen eine Entschuldigung!«

Harris versucht ihr Lebenswerk, das hier öffentlich angegriffen wird, geradezurücken. »Ich bin stolz auf meine Arbeit. Man sollte die Menschen nach ihren Taten beurteilen, wenn sie unter Druck stehen, eine Entscheidung treffen zu müssen, und nicht, wenn sie eine hochtrabende Meinung verkünden, während sie auf einer Bühne stehen.« Später wird Harris im Gespräch mit Beratern einräumen, dass sie in jenem Moment nicht hinreichend stark zurückgeschlagen hat.

Gabbard ist nicht die Einzige, die an diesem Abend gegen Harris schießt. Auch Biden steht bei dieser zweiten Debatte unter Zugzwang. Zielsicher greift er Harris bei einer Schwachstelle an – nämlich ihren wechselnden Positionen beim Thema Krankenversicherung. Biden hatte als Vizepräsident einst gemeinsam mit Präsident Barack Obama die Gesundheitsreform »Affordable Care Act« aufgegleist. Amerikas Krankenversichungswesen zählt zu seinen Steckenpferden. Auch in diesem Wahljahr sind das marode Gesundheitswesen und speziell der schlechte Versicherungsmarkt eines der wichtigsten Themen. Anfangs hatte Harris noch den Plan von Senator Bernie Sanders und der linken Basis unterstützt, die eine universelle, staatliche Krankenversicherung fordern. In der ersten Fernsehdebatte hatten die Moderatoren die Kandidaten gebeten, ihre Hand zu heben, wenn ihr Wahlprogramm die Abschaffung privater Krankenversicherungen vorsehe – Harris meldete sich da ebenfalls. Inzwischen ist sie von dieser Position allerdings abgerückt und behauptet wenig überzeugend, sie habe die Frage falsch verstanden.

Wenige Tage vor der zweiten Fernsehdebatte stellte sie nun eine eigene Idee für eine Krankenversicherungsreform vor: ein komplexer, zehn Jahre umfassender Stufenplan. Diesen haut ihr Biden nun auf der Bühne um die Ohren, ebenso wie ihre wechselnden Haltungen. »Wissen Sie«, sagt Biden zu den Moderatoren« »die Senatorin hat in der Zwischenzeit mehrere Positionen präsentiert. Niemand redet jedoch darüber, dass ihr Plan über zehn Jahre hinweg drei Billionen Dollar kosten wird. Und dass die Bürger mit ihm die Krankenversicherung über ihren Arbeitgeber verlieren werden. Sind wir mal ehrlich: Man kann nicht gegen Präsident Trump mit solchem leeren Gerede gewinnen.«

Harris verheddert sich in ihrer Antwort, verwechselt Tage mit Jahren und wirkt wenig sachkundig. Auf Bidens Vorwurf, dass die Amerikaner die Krankenversicherung über ihren Arbeitgeber verlieren werden, kann sie nichts erwidern. Dabei ist genau das ein heikler Punkt: Viele Bürger mögen das bestehende System gerade deshalb, weil sie über ihren Arbeitgeber eine hervorragende Krankenversicherung haben. Problematisch wird es jedoch, wenn man den Arbeitsplatz verliert und damit die Krankenversicherung. Oder wenn jemand nur Niedriglohnjobs hat, die keinen Versicherungsschutz bieten. Doch das jenen Bürgern zu vermitteln, die mit ihrer bestehenden Versicherung zufrieden sind, ist schwierig – und Harris gelingt es an jenem Abend nicht.

Nach dem Debakel der zweiten Debatte verpufft Harris' Aufschwung, sie fällt ins Mittelfeld der Kandidaten zurück. Rückblickend kann man sehen, dass jener Abend ein Wendepunkt war. Die Vorwahlen der Demokraten werden zunehmend zu einem Rennen zwischen Biden an der Spitze und den Senatoren Sanders und Warren auf dem zweiten Platz.

In den folgenden Wochen versäumt Harris es, ein klares Bild von sich als Kandidatin und ihrem Wahlprogramm zu zeichnen: ob sie eher moderat ist oder progressiv, für welche Reformen sie steht, was genau ihre Agenda ist. Harris' Wahlkampf-Mottos ändern sich so schnell wie die Jahreszeiten. Ein Mitarbeiter sagt in einem Interview sarkastisch, dass sie ihre Leitmotive vom »›Lasst uns die Wahrheit sagen‹-Frühling« zum »›Drei Uhr morgens‹-Sommer« bis hin zum »›Auf Trump fokussieren‹-Winter« wechselte.

Im Spätsommer macht Harris einen neuen Vorstoß: Mit einem Vorschlag für eine Strafrechtsreform – ihr Spezialgebiet – versucht sie den linken Parteiflügel auf ihre Seite zu ziehen. Sie wirft nun mit Versprechen wie Konfetti um sich: Sie will landesweit Marihuana legalisieren, die Gefängnisbevölkerung reduzieren, die Anwendung tödlicher Gewalt bei Polizisten einschränken, privatwirtschaftlich betriebene Gefängnisse einstellen, Rehabilitationsformen für gewalttätige Kriminelle finden. Im Gegensatz zu ihrer früheren Position als Justizministerin von Kalifornien verlangt sie nun unabhängige Untersuchungen für Vorfälle, bei denen ein Polizist jemanden erschossen hat.

Obendrauf stellt sie linkspopulistische Forderungen wie eine kostenlose Universitätsbildung oder Strafzahlungen für Firmen, die Männern und Frauen unterschiedliche Löhne zahlen. Papierlose, die in die USA gelangen, sollen nicht mehr strafrechtlich verfolgt werden. Doch selbst mit solchen Positionen kann sie die linke Basis der Demokraten nicht versöhnen. Für diese wirkt ihre Vergangenheit als Strafverfolgerin unverzeihlich. Mit ihrem einstigen harten Vorgehen gegen die Eltern von Schulschwänzern wird sie wieder und wieder konfrontiert. Und die moderate Mitte der Partei schreckt sie mit solchen linken Vorschlägen eher ab.

Harris versucht verzweifelt, allen zu gefallen. In einem Interview fordert sie zunächst die Abschaffung der Migrationspolizei ICE (Immigration and Customs Enforcement), nur um ihre Position in den nächsten Tagen zu relativieren. Ihre wechselnden Haltungen lassen sie opportunistisch wirken.

Und auch rassistische Anfeindungen gegen sie flammen wieder auf. In den sozialen Netzwerken kursieren haltlose Behauptungen, dass ihre Eltern sie auf ihrer Geburtsurkunde als weiß bezeichnet hätten, nicht als afroamerikanisch.

Ihr republikanischer Senatskollege aus Georgia, David Perdue, macht sich bei einer Wahlkampfveranstaltung für Donald Trump rassistisch über ihren Namen lustig, um die Menge aufzuheizen: »KAH-mah-lah? Kah-MAH-la? Kamala-mala-mala? Ich weiß ja auch nicht. Ist auch egal.« Auch Präsident Trump spricht ihren Namen immer wieder bewusst falsch aus. Er stempelt Harris zudem als Linksradikale ab und behauptet, sie lasse Bernie Sanders »wie einen Konservativen« aussehen. Wie Trump es häufig bei politischen Gegnern macht, beschimpft er Harris als »Monster«, »die furchtbarste Frau«, »die Gemeinste«. Erinnerungen an den Präsidentschaftswahlkampf von Barack Obama werden wach: Auch seinen Namen sprachen die Republikaner gerne bewusst falsch aus, auch gegen ihn kursierten rassistische Verschwörungstheorien.

Im September 2019 geht Harris' Wahlkampfstab allmählich das Geld aus. Ihr Team ändert die Kursrichtung: Alle Ressourcen nun auf Iowa fokussieren. Die Zahl der Mitarbeiter*innen dort wird fast verdoppelt und gleich zehn neue Wahlkampfbüros werden eröffnet. Der Gliedstaat im Mittleren Westen mit seinen drei Millionen Einwohnern stimmt traditionell als Erster in den parteiinternen Vorwahlen ab – und bringt häufig eine Vorentscheidung. Wer in diesem ersten Rennen nicht mindestens unter den besten vier Kandidaten landet, dem laufen erfahrungsgemäß schnell die Spender davon. Die Bewerber*innen für das Präsidentenamt wissen genau, welche Signalwirkung von dem Ergebnis hier ausgeht – deswegen bekommt der kleine Bundesstaat auch in jedem Präsidentschaftszyklus überproportional viel Aufmerksamkeit. Harris selbst verbringt ab jetzt jede freie Minute außerhalb ihrer Senatsverpflichtungen dort. »Ich ziehe verdammt noch mal nach Iowa«, sagt sie im Herbst zu einer Senatskollegin. Harris hofft: Wenn sie in den ersten beiden Rennen in Iowa und New Hampshire stark abschneidet, könnte die nächste Runde an Vorwahlen – darunter ihr Heimatstaat Kalifornien – sie wieder an die Spitze des Kandidatenfeldes katapultieren.

Sie konzentriert sich nun auch weniger auf ihre Mitbewerber als auf den großen Feind, Donald Trump, und betont ihre Erfahrung als Staatsanwältin gegen »Kriminelle wie Trump«. Aber offenbar zweifeln nach der Niederlage von Hillary Clinton 2016 Teile der Demokratischen Partei grundsätzlich daran, dass eine Frau gegen Trump siegen kann. Auch die linke Kandidatin Elizabeth Warren verliert gegenüber Bernie Sanders an Rückhalt. Einen ebenfalls älteren, weißen Mann – Biden oder Sanders – scheinen viele als aussichtsreichere Wahl gegen Trump zu sehen, insbesondere beim Versuch, die Stimmen der weißen Arbeiterklasse zurückzuerobern.

Doch selbst Harris' Kraftbemühungen in Iowa reichen nicht aus, um das Ruder herumzureißen. Im November 2019 hat ihr Wahlkampfstab nicht mehr genug Geld in der Kasse, um Werbung zu schalten; das Team kann nicht einmal mehr Umfragen in Auftrag geben. Zudem offenbart sich nun das ganze Elend der Machtkämpfe, an denen Harris' Mitarbeiterstab seit Monaten kränkelt. Interne Streitigkeiten gelangen an die Öffentlichkeit. Der Mitarbeiterstab besteht aus zu vielen Leitwölfen, die in unterschiedliche Richtungen rennen. Im Ergebnis kommt das ganze Rudel kaum vom Fleck. Ihre Schwester – politisch eher links angesiedelt – ist die Wahlkampfvorsitzende; Juan Rodriguez – ein langjähriger politischer Berater aus Kalifornien – leitet den Wahlkampf. Die Zuständigkeiten der beiden sind nicht klar abgegrenzt, außerdem vertreten sie grundverschiedene Ansichten etwa bei der Frage, ob Harris ihre Verdienste als Staatsanwältin stolz verteidigen oder sich für manche Entscheidungen entschuldigen soll. Die beiden Lager – das eine in Kalifornien, das andere in Baltimore angesiedelt – misstrauen einander. Es gibt niemanden, der das letzte Wort hat.

Im November wirft dann Harris' Wahlkampfleiterin in Iowa, Kelly Mehlenbacher, das Handtuch. In ihrem Kündigungsbrief, der ebenfalls an die Presse durchsickert, kommt sie zu einem vernichtenden Urteil. »Das ist mein dritter Präsidentschaftswahlkampf und ich habe nie eine Organisation erlebt, die ihre Mitarbeiter so schlecht behandelt«, schreibt Mehlenbacher. Es gebe im Wahlkampf-Team keine Kultur des kritischen Hinterfragens und des ehrlichen Feedbacks. »Ich glaube zwar nach wie vor, dass Senator Harris die stärkste Kandidatin ist, um die Wahl 2020 zu gewinnen, aber ich habe jegliches Vertrauen in den Wahlkampf oder die Führungsebene verloren.« Mehlenbacher beanstandet, dass erst kürzlich eingestellte Mitarbeiter, die extra für den Wahlkampf umgezogen seien, von jetzt auf gleich wieder entlassen wurden. Auch fehle drei Monate vor Beginn der Vorwahlen noch immer eine klare Strategie.

In der Presse beschweren sich Mitarbeiter auch darüber, dass Harris selbst nicht klar genug Position bezieht angesichts der ideologischen Grabenkämpfe innerhalb ihres

Wahlkampfstabs. Letztendlich steht sie in der Verantwortung – es ist ihre Kandidatur. Doch als Harris die Probleme in der von ihr entworfenen Führungsstruktur endlich erkennt, hält sie es für zu spät, noch etwas zu ändern.

Auch in anderer Hinsicht hat sie sich verkalkuliert: Sie hat zu sehr auf die Loyalität afroamerikanischer Wähler*innen gesetzt und unterschätzt, wie beliebt Joe Biden bei ihnen ist. Besonders in South Carolina – nach Iowa und New Hampshire einer der ersten Schauplätze der Vorwahlen und ein Südstaat mit vielen Afroamerikanern – schafft sie es nicht, Biden in Umfragen zu überholen.

Zudem hat die Demokratische Partei zuletzt einen enormen Linksrutsch erfahren, auch bedingt durch Ideen von selbsterklärten »Sozialisten« wie Bernie Sanders, Elizabeth Warren und der Kongressabgeordneten Alexandra Ocasio-Cortez. Besonders in punkto Strafrechtswesen und Migration steht die Partei inzwischen deutlich weiter links als noch vor wenigen Jahren. Harris' Erfahrung als Staatsanwältin und Strafverfolgerin, auf die sie so stolz ist, erscheint in diesem Licht plötzlich zweifelhaft. Wieder werden Stimmen laut, die es als Verrat ansehen, dass eine Schwarze überhaupt eine Karriere als Staatsanwältin einschlug und sich angeblich mit dem System gemein gemacht hat. Als Justizministerin habe Harris nicht genug getan, um etwas daran zu ändern, dass Amerikas Strafrechtssystem Schwarze und arme Bürger oft diskriminiert. In linken Kreisen kursiert der Spruch »Kamala Harris is a Cop«, sie sei eine Polizistin – was keineswegs als Kompliment gemeint ist. »Viele Afroamerikaner misstrauen nach wie vor grundsätzlich Staatsanwälten – und das ist etwas, womit Kamala immer zu kämpfen haben wird«, fasst ihre Freundin und frühere Howard-Kommilitonin Lita Rosario die Situation zusammen. »Das wird langfristig ihre größte Herausforderung werden: diesen Leuten klarzumachen, dass das Strafrechtssystem tatsächlich reformiert werden kann und sich die Dinge zum Besseren wenden können.«

Aus der Ferne sei es immer einfach, einen Wahlkampf zu verurteilen, sagt Harris' früherer Wahlkampfmanager Brian Brokaw; deswegen verzichte er darauf. Doch auch er hatte Harris' Präsidentschaftswahlkampf 2020 genau verfolgt. »Das größte Problem war, dass sie nie wirklich erklären konnte, warum ausgerechnet sie Präsidentin werden sollte und nicht ein anderer Kandidat. Es ist eine schwierige Frage, aber letztendlich ist es die wichtigste.« Das Geld sei ihr auch deswegen ausgegangen, weil sie sich zwar gut mit zahlungskräftigen Spendern gestellt habe, aber nie ein Netzwerk von Kleinspendern aufzubauen geschafft habe wie einst Barack Obama oder Bernie Sanders. Solche »Grassroot Donors« könnten eine Kandidatur über Monate am Leben halten – im Gegensatz zu Großspendern, die einmal den maximal erlaubten Spendenbetrag von 2800 Dollar gäben, danach aber als Geldquelle für einen Kandidaten wegfielen. Davon zu unterscheiden sind die höheren Geldbeträge, die Privatpersonen in den USA an lokale oder nationale Parteien spenden dürfen – oder an sogenannte Super-PACS, also unabhängig vom Kandidaten agierende politische Aktionskomitees.

Ende November – über das lange Thanksgiving-Wochenende – bricht Harris ihren Wahlkampf in Iowa ab und zieht sich zurück. Sie geht selbst über die Bücher, buchstäblich:

wie viel Geld sie in den letzten Monaten eingenommen hat und was sie noch bräuchte, um im Rennen zu bleiben. In den Umfragen liegt sie zu jenem Zeitpunkt im landesweiten Schnitt nur noch auf dem sechsten Platz, weniger als vier Prozent der Wähler*innen sprechen sich für sie aus. Selbst in ihrem Heimatstaat Kalifornien schafft sie es in Umfragen auf keinen der vorderen Plätze.

Kamala Harris fällt ihre Entscheidung: Am 3. Dezember 2019 zieht sie ihre Präsidentschaftskandidatur zurück. Ihr Wahlkampf »Kamala Harris 2020« schafft es erst gar nicht bis ins Jahr 2020. Zum ersten Mal in ihrer politischen Karriere muss sich Harris geschlagen geben. Ihren Mitarbeitern teilt sie die Nachricht persönlich mit, an ihre Spender und Anhänger wendet sie sich in einer E-Mail und Videobotschaft: Sie habe in Oakland, ganz am Anfang ihres Wahlkampfs, versprochen, immer die Wahrheit zu sagen – und das wolle sie auch jetzt tun. »Mein Präsidentschaftswahlkampf hat schlichtweg nicht die finanziellen Mittel, die wir brauchen, um weiterzumachen.« Es sei eine der schwersten Entscheidungen ihres Lebens gewesen, sagt Harris sichtlich bewegt und ganz in Schwarz gekleidet, »aber mit tiefem Bedauern und großer Dankbarkeit beende ich heute meinen Präsidentschaftswahlkampf.«

Sie spricht auch einen neuen Konkurrenten an, der dem demokratischen Vorwahlrennen in letzter Minute beigetreten ist: den früheren New Yorker Bürgermeister und Multimilliardär Michael Bloomberg. Innerhalb von wenigen Tagen hat dieser Dutzende Millionen Dollar in seinen Wahlkampf gesteckt und Harris in den Umfragen überholt. »Ich bin keine Milliardärin«, sagt sie in der Video-Botschaft.

»Ich kann meinen Wahlkampf nicht aus eigener Tasche finanzieren.«

Einmal mehr bewahrheitet sich, dass Geld für jeden Wahlkampf in den USA entscheidend ist. Kein hinreichendes, aber ein notwendiges Kriterium für jeden Anwärter. Vor allem mit Werbung im TV – nach wie vor dem wichtigsten Informationsmedium in den USA – können sich Kandidaten landesweite Bekanntheit erkaufen. Bloombergs Wahlwerbung läuft bald im amerikanischen Fernsehen in Dauerschleife auf allen Kanälen. Der Politberater Brokaw erklärt, dass ein Präsidentschaftskandidat umso mehr Geld brauche, je größer das Kandidatenfeld sei. Allein für die Vorwahlen seien das 2019 Dutzende Millionen Dollar gewesen, weil es so viele Anwärter gab. Für den finalen Wahlkampf brauche man dann erfahrungsgemäß mehrere Hundert Millionen Dollar.

Auch Brokaw hatte nicht damit gerechnet, dass Harris bereits Anfang Dezember 2019 aus dem Rennen scheiden würde. Er hatte im Vorwahlkampf ein Harris nahestehendes Wahlkampfkomitee (Super Political Action Committee) gegründet, das Harris mit Spenden unterstützte. Diese sogenannten Super Pacs stehen den Kandidaten nahe, müssen aber grundsätzlich unabhängig geführt werden und dürfen ihre Aktivitäten nicht mit einem Kandidaten koordinieren. Entsprechend wusste Brokaw auch nichts von Harris' Plänen, ihren Wahlkampf frühzeitig zu beenden. Gerade hatte er die stolze Summe von einer Million Dollar eingesammelt und wertvolle Werbeblöcke in Iowa gebucht – da wurde auch er von ihrem Ausscheiden aus dem Rennen überrascht. »Das war einer der dunkelsten Tage meiner Karriere«, erinnert er sich mit bitterem Lachen. Er habe damit gerechnet, dass die Kandidatin »noch mindestens einen Monat« im Rennen bleibe.

Das Aus von Harris' Wahlkampf erschüttert auch ihre demokratischen Konkurrenten, von denen nun noch fünfzehn übrig sind. Viele zeigen sich bestürzt und verbittert über ein Wahlsystem, in dem eine als aussichtsreich geltende Kandidatin wie Harris wegen Geldmangels ausscheiden muss und sich ein Milliardär ins Rennen einkaufen kann.

Doch schon damals kommentieren manche Beobachter, dass Harris den Zeitpunkt des Ausscheidens wohl clever gewählt hat. Für fast alle Anwärter im Spitzenfeld sei sie eine vernünftige Option als Vizepräsidentin, merkt damals der bekannte Datenexperte Nate Silver von der Plattform Fivethirtyeight an: Indem Harris jetzt ausscheide und nicht erst nach einem schlechten sechsten Platz in Iowa und einem vierten in Kalifornien, bewahre sie sich ihre Reputation.

In den nächsten Monaten gibt es weitere Überraschungen. Die erste Vorwahl in Iowa gewinnt unerwartet ein Außenseiter: Pete Buttigieg, der erst achtunddreißigjährige, homosexuelle Bürgermeister aus South Bend, Indiana. Wenige Tage später in New Hampshire siegt Bernie Sanders knapp über Buttigieg. Der Favorit, Joe Biden, schneidet in beiden Rennen nur mit dem vierten und fünften Platz ab. Auch bei der dritten Vorwahl in Nevada kommt Biden nur auf den zweiten Platz hinter Sanders. Der Druck steigt, dass der angebliche Favorit Biden endlich siegen muss. Tatsächlich gewinnt er die vierte Vorwahl im Südstaat South Carolina deutlich – dank dem Rückhalt der afroamerikanischen Wähler und insbesondere dank der Wahlempfehlung von James E. Clyburn, dem einflussreichsten Schwarzen Abgeordneten im Kongress.

Doch es zeichnet sich ab, dass sich die moderaten Kandidaten wie Buttigieg, Klobuchar und Biden gegenseitig Stimmen abspenstig machen und davon Bernie Sanders, der selbsterklärte demokratische Sozialist, profitiert. Das Establishment der Partei befürchtet, dass der damals achtundsiebzigjährige Sanders tatsächlich ihr Kandidat 2020 wird. Die Befürchtung ist, dass dieser mit seinen radikal linken Ansichten nicht gegen Donald Trump wird siegen können.

Dann überstürzen sich im März die Ereignisse: Innerhalb von wenigen Tagen scheiden zahlreiche moderate Kandidaten wie Buttigieg und Bloomberg aus dem Rennen aus und stellen sich geschlossen hinter Joe Biden. Es ist ein Versuch, Sanders als Kandidaten zu verhindern. Auch Kamala Harris spricht sich öffentlich für Joe Biden aus. Aus dem einst vielfältigsten Kandidatenfeld der Geschichte sind noch zwei weiße Männer Ende siebzig übrig.

Gleichzeitig nimmt die Corona-Pandemie auch den Vorwahlkampf in ihren Würgegriff: Mehrere Bundesstaaten verschieben ihre Abstimmungen nach hinten. Nicht mehr die demokratischen Vorwahlen, sondern die steigenden Infektionszahlen im Land bestimmen nun die Schlagzeilen.

Biden und Sanders liefern sich Mitte März eine letzte Fernsehdebatte, und Biden sorgt mit einem Versprechen für Aufsehen: »Ich verpflichte mich, eine Frau als Vizepräsidentschaftskandidatin auszuwählen.« Auf eine konkrete Person will er sich zwar noch nicht festlegen, doch die Ankündigung ist auch so historisch. Erst zwei Mal in der Geschichte war eine Frau der »Running Mate« eines Demokraten oder Republikaners, also die Vizekandidatin bei einer Präsidentenwahl.

Anfang April scheidet dann auch Bernie Sanders nach mehreren Niederlagen aus dem Rennen aus. Mit siebundsiebzig Jahren hat es Joe Biden geschafft, er ist der Spitzenkandidat seiner Partei – ihn werden die Demokraten im Herbst ins Rennen gegen Donald Trump schicken. Bereits zwei Mal hatte er sich vergeblich um die Präsidentschaftskandidatur beworben. Doch wer die versprochene Vize-Kandidatin an seiner Seite sein wird, ist noch völlig offen.

# 7

## Zurück an die Spitze

Kamala Harris verfolgt die letzten Wochen des demokratischen Vorwahlkampfes 2020 von Washington aus. Statt wie in den Monaten zuvor in jeder freien Minute quer durchs Land zu reisen, kann sie sich nun wieder auf ihre Arbeit als Vertreterin Kaliforniens im Senat konzentrieren. 2019 hatte sie den Großteil der Abstimmungen wegen ihres eigenen Wahlkampfs verpasst.

Im Senat erwartet sie gleich zu Beginn des neuen Jahres ein historisches Ereignis: Das demokratisch dominierte Repräsentantenhaus hat Präsident Donald Trump im Dezember »impeached«, also ein Amtsenthebungsverfahren gegen ihn eingeleitet. Ihm wird vorgeworfen, erstens sein Amt missbraucht und zweitens die Arbeit des Kongresses behindert zu haben.

Gemäß der Verfassung findet das eigentliche Verfahren, in dem über Schuld oder Unschuld des Präsidenten befunden wird, im Senat statt, unter der Leitung des Vorsitzenden Richters des Supreme Court, John Roberts. Noch nie in der Geschichte des Landes wurde ein Präsident tatsächlich des Amtes enthoben.

Auch diesmal ist bereits klar, dass die Republikaner im Senat Trump freisprechen werden. Die Vereinigten Staaten sind politisch zu gespalten, die Mehrheitsverhältnisse im Senat zu eindeutig, als dass die Demokraten auf die benötigte

Zwei-Drittel-Mehrheit an Senatorenstimmen hoffen können – und Präsident Trump kontrolliert die Republikaner wie Marionetten. Innerhalb kürzester Zeit, am 5. Februar, wird er tatsächlich dank der Stimmen der Republikaner von beiden Vorwürfen freigesprochen; alle 45 Demokraten und die beiden Parteilosen im Senat hatten für eine Verurteilung gestimmt. Harris bezeichnet die Abstimmung als eine der wichtigsten in ihrer Zeit als Senatorin. Sie kritisiert die Loyalität ihrer republikanischen Kollegen zum Präsidenten: »Der Senat hat nicht einmal ansatzweise ein faires Verfahren ermöglicht.«

In einem normalen Kalenderjahr wäre ein Amtsenthebungsverfahren gegen den Präsidenten der politische Höhepunkt, schließlich war Trumps Impeachment erst das dritte überhaupt in der amerikanischen Geschichte. Doch 2020 überschlagen sich die Ereignisse. Wenige Wochen nach dem Amtsenthebungsverfahren versetzt der Ausbruch der Corona-Pandemie die Vereinigten Staaten – so wie den Rest der Welt – in den Ausnahmezustand.

Zahlreiche Bundesstaaten verhängen einen Hausarrest, die USA machen ihre Grenzen nach Europa, China und zu zahlreichen anderen Ländern dicht. Trotzdem steigen die Infektions- und Todeszahlen jeden Tag. Die Gesundheitsbehörden warnen davor, dass bis zu 250 000 Amerikaner an den Folgen des Coronavirus sterben könnten. Letztendlich werden allein bis zum Frühjahr 2021 mehr als 560 000 Bürger in den USA ihr Leben durch die Pandemie verlieren. Etwa gleich viele ließen ihr Leben im Zweiten Weltkrieg, Korea- und Vietnamkrieg zusammen. Die Arbeit des Kongresses findet nun größtenteils virtuell statt. Auch die Wirtschaft kommt fast völlig zum Stillstand, Millionen Amerikaner verlieren ihre Arbeit.

Inmitten jener Krise trägt sich in Minneapolis, der größten Stadt im Bundesstaat Minnesota im Mittleren Westen, ein Vorfall zu, von dem noch niemand ahnt, dass er bald die schwersten Bürgerunruhen seit Jahrzehnten auslösen wird.

Es ist Montag, der 25. Mai 2020, die USA feiern »Memorial Day« und gedenken ihrer in Kriegen gefallenen Mitbürger*innen. In Minneapolis kauft ein Afroamerikaner namens George Floyd gegen 20 Uhr in einem Lebensmittelladen eine Packung Zigaretten, er ist mit Freunden unterwegs. Floyd, sechsundvierzig Jahre, ist ein Hüne von einem Mann, mit einer Körpergröße von einem Meter dreiundneunzig hatte er an der Uni Football und Basketball gespielt. Ursprünglich stammt Floyd aus Houston in Texas, doch einige Jahre zuvor war er nach Minneapolis gezogen und hatte dort als Sicherheitsmann für ein Restaurant gearbeitet, bis auch er wegen der Pandemie seine Stelle verlor.

An jenem Montag vermuten die Mitarbeiter in dem Lebensmittelladen, Floyd habe ihnen beim Zigarettenkauf gerade einen gefälschten Zwanzig-Dollar-Schein untergeschoben. Sie laufen Floyd nach, er streitet das ab; die Mitarbeiter rufen die Polizei und sagen, Floyd sei »furchtbar betrunken«. Wenige Minuten später schlagen Beamte vor dem Geschäft auf und finden Floyd gegenüber in seinem Wagen. Er wehrt sich zunächst gegen eine Verhaftung und wird emotional; weinend gibt er zu, Drogen genommen zu haben. Die Beamten zerren ihn aus seinem Auto und legen ihm Handschellen an.

Sie versuchen ihn abzuführen, doch Floyd will nicht in den Streifenwagen steigen, mit aller Kraft wehrt er sich und sagt, er leide an Klaustrophobie. Die Beamten werfen ihn auf den Boden und drücken sein Gesicht auf den Asphalt. Einer presst sein Knie auf Floyds Hals, zwei knien auf seinen Beinen und seinem Oberkörper. Ein vierter Beamter hält Passanten davon ab, Floyd zu Hilfe zu eilen, denn der wimmert: »Bitte, ich kann nicht atmen! Das Knie in meinem Nacken …« Die Polizisten sagen ihm, er solle ins Auto steigen, Floyd sagt: »Mach ich, aber ich kann mich nicht bewegen.« Bettelnd ruft er nach seiner »Mama«. Mindestens sechzehn Mal sagt er, er könne nicht atmen. Die Beamten alarmieren zwar den Rettungsdienst, bleiben aber weiter auf Floyd sitzen – rund neun Minuten lang. Einer der Polizisten schlägt zwei Mal vor, Floyd nun auf die Seite zu rollen, doch die anderen weigern sich. Auch als Floyd aufgehört hat zu atmen, bleiben sie auf ihm sitzen. Einige Passanten schreien und betteln, man möge doch endlich Floyd helfen. Selbst als die Rettungssanitäter eintreffen, behält ein Beamter – sein Name ist Derek Chauvin – sein Knie noch auf Floyds Hals. Die Sanitäter müssen Chauvin erst auffordern, vom bewusstlosen Floyd abzulassen. Sie können bei ihm keinen Puls mehr finden. Eine erste Autopsie wird zu dem Schluss kommen, dass Floyd durch das auf seinen Hals drückende Knie erstickt ist; eine zweite, dass er durch Herzstillstand starb, mitverursacht durch den brutalen Polizeieinsatz. Zum Todeszeitpunkt hatte Floyd zudem Fentanyl und Methamphetamin im Blut und war infiziert mit Covid-19. Im Frühjahr 2021 wird ein Geschworenengericht in Minneapolis den Polizisten Derek Chauvin einstimmig des

Mordes schuldig sprechen und zu 225 Jahren Gefängnis verurteilen.

Mehrere Passanten haben das Geschehen mit ihren Smartphone-Kameras festgehalten und stellen die Aufnahmen in die sozialen Netzwerke. Die Videos verbreiten sich in kürzester Zeit im ganzen Land.

Die Nahaufnahmen von Floyds Tod zeigen erneut eindrücklich, wie ein Schwarzer Mann unter dem Knie eines weißen Beamten stirbt. In den Bildern steckt Symbolik – viele sehen darin die umfassende Unterdrückung, die Afroamerikaner seit Jahrhunderten in den USA erleiden.

Floyds Tod ruft auch deswegen so heftige Reaktionen hervor, weil im Frühjahr 2021 mehrere ähnliche Vorfälle publik werden. In jenen Tagen wird auch der Mord an einem Schwarzen bekannt, der sich bereits im Februar zugetragen hatte. Am Sonntag, den 23. Februar, ging der fünfundzwanzigjährige Afroamerikaner Ahmaud Arbery an seinem Wohnort Brunswick in Georgia wie so oft joggen, als er von drei fremden weißen Männern in zwei Fahrzeugen verfolgt wurde – angeblich, weil Arbery etwas von einer Baustelle gestohlen hatte. Einer von ihnen stand auf der Ladefläche eines Pick-up-Trucks und drohte Arbery mit einem Gewehr in der Hand. Der Mann im zweiten Fahrzeug filmte die Verfolgungsjagd mit seinem Handy. Nach einigen Minuten sprangen die Männer aus ihren Fahrzeugen, griffen den unbewaffneten Arbery tätlich an und erschossen ihn in der Folge. Danach beschimpfte einer von ihnen den Toten noch rassistisch.

Die Polizei und die Staatsanwaltschaft nahmen zwar Ermittlungen auf, nahmen aber keinen der drei Männer fest;

auch, weil die Beamten sie privat kannten. Erst im Mai, nachdem die Videoaufnahmen im Internet veröffentlicht wurden und enorme Empörung auslösten, werden sie verhaftet. Viele sehen in dem Vorfall die moderne Version eines Lynch-Mordes. Im Frühjahr 2021 werden die Täter wegen Hassverbrechens angeklagt; alle drei plädieren auf unschuldig.

Ein weiterer Vorfall, der sich auch bereits Mitte März zugetragen hatte, ruft zusätzliches Entsetzen hervor: Die sechsundzwanzigjährige Afroamerikanerin Breonna Taylor wurde nachts in ihrer Wohnung in Louisville im Bundesstaat Kentucky von Polizisten erschossen. Beamte hatten ihre Wohnung durchsuchen wollen, weil Taylors Exfreund mit Drogen gehandelt hatte. Mitten in der Nacht hämmerten die Beamten an die Tür, während Taylor, die in der Notaufnahme eines Krankenhauses arbeitete, und ihr Freund schliefen. Dass die Beamten sich als solche zu erkennen gaben, streitet Taylors Freund ab. Als die Eindringlinge begannen, die Tür einzurammen, habe er geglaubt, es mit Einbrechern zu tun zu haben, und schoss durch die Tür, traf aber niemanden. Die Polizisten erwiderten das Feuer: Zweiunddreißig Mal feuerten sie ohne Sicht durch die Tür und das Fenster. Mindestens fünf Schüsse trafen Taylor, die noch vor Ort verstarb.

Die Empörung über diese drei Tötungen kocht Ende Mai 2020 über. Bürger*innen im ganzen Land stürmen auf die Straße, allen pandemiebedingten Versammlungsverboten zum Trotz, und demonstrieren gegen Rassismus und Polizeigewalt. Nicht immer verlaufen die Proteste friedlich. In mehreren Städten werden Polizeiautos und -stationen angezündet, Fensterscheiben von Geschäften zertrümmert und Läden geplündert. Doch die große Mehrheit der Bürger demonstriert gewaltlos. Gemäß Schätzungen nehmen zwischen 15 Millionen und 26 Millionen Amerikaner im Laufe des Sommers an den Black-Lives-Matter-Protesten teil – demnach waren es die größten Bürgerrechtsproteste in der Geschichte des Landes.

Unter den Protestierenden ist auch Kamala Harris. Sie zieht Ende Mai mit Tausenden durch die Straße von Washington, D.C. und verlangt Gerechtigkeit für George Floyd – ähnlich, wie es ihre Eltern sechzig Jahre zuvor in Berkeley für die Bürgerrechtsbewegung getan hatten. Sie erinnert in Interviews zudem daran, dass auch die Corona-Pandemie und deren wirtschaftliche Folgen Schwarze besonders hart getroffen haben.

»Die Leute demonstrieren, weil Schwarze in Amerika nicht als gleichwertig behandelt werden. Weil unser Land nie offen den systemischen Rassismus angesprochen hat, der unser Land seit seinen frühen Tagen plagt«, schreibt Harris wenige Tage später in einem Gastbeitrag für das Magazin »Cosmopolitan«. »Es ist die Pflicht eines jeden Amerikaners, das zu ändern. Niemand kann mehr vom Rand aus zuschauen und auf kleine Änderungen warten. In diesen Zeiten bedeutet Schweigen Mitschuld.«

Nicht nur Schwarze Kongressabgeordnete marschieren Seite an Seite mit den Bürgern – die Unterstützung in der Gesellschaft ist enorm breit. Zahlreiche Firmen schließen sich der Bewegung an und geloben, mehr für die Gleichberechtigung und Repräsentation von Minderheiten zu unternehmen. Selbst Polizeibeamte demonstrieren mancherorts gegen Rassismus, ebenso einige Republikaner wie der Senator Mitt Romney. »Es war das erste Mal«, sagt Kamala Harris, »dass ich so unterschiedliche Leute Arm in Arm beim Protestieren gesehen habe, die alle schrien, dass Schwarze Leben zählen.«

Doch Harris zieht nicht nur auf die Straße. Innerhalb der Demokratischen Partei wird sie eine der lautesten Stimmen für »Racial Justice«, also Gerechtigkeit für alle Ethnizitäten. Gemeinsam mit ihrem Amtskollegen Cory Booker gleist sie im Senat eine Polizeireform auf, die »Justice in Policing Act«. Ihre Erfahrungen als Staatsanwältin und Justizministerin Kaliforniens kommen dabei voll zum Tragen: Sie kennt die Lücken in der Gesetzgebung und weiß, wie man welchen Wortlaut ändern müsste, um Gewalt von Polizisten landesweit zu reduzieren. Bisher regelt jeder Bundesstaat weitgehend für sich, welches Ausmaß an Gewalttätigkeit für Beamte erlaubt ist; vielerorts ist die »Vernunft« die einzige Richtlinie. »Man kann so ziemlich alles als vernünftig erklären«, sagt Harris. Sie und Booker wollen diese Regeln landesweit einheitlich verschärfen. Auch sollen nicht nur Würgegriffe, sondern alles, was jemanden am Atmen hindert, verboten werden. Beide fordern darüber hinaus ein landesweites Verzeichnis für Beamte, die sich im Dienst etwas haben zu Schulden kommen lassen. Ein solches gibt es bis heute in den USA nicht. Somit kann ein Polizist, der wegen Fehlverhaltens von einer Dienststelle entlassen wurde, oft problemlos andernorts eine Anstellung finden.

»Amerikas Bürgersteige sind getränkt von Schwarzem Blut«, sagt Harris. »Angesichts der Tode von George Floyd und Breonna Taylor müssen wir uns fragen: Wie häufig müssen unsere Familien und unsere Gemeinden ein solches Trauma durchlaufen, dass ein unbewaffneter Schwarzer Mann oder eine Schwarze Frau durch die Hände jener Polizisten sterben, die doch geschworen hatten, sie zu beschützen?«

Ihr Reformversuch wartet noch immer auf eine Abstimmung im Senat; letzten Endes dürfte die Vorlage wie so viele Gesetzesvorschläge an der tiefen politischen Spaltung im Kongress scheitern. Doch Harris' und Bookers Vorschläge werfen zumindest ein Schlaglicht auf mögliche künftige Ansatzpunkte für eine Polizeireform.

Just in jenen Tagen im Sommer 2020 scheitert auch ein zweites Gesetzesvorhaben im Kongress, das etwas gegen rassistische Gewalt ausrichten sollte. Im Jahr zuvor hatten die demokratischen Senatoren Kamala Harris, Corey Booker und der Republikaner Tim Scott – die drei einzigen Afroamerikaner im Senat – einen neuen Versuch gestartet, Lynch-Morde härter zu bestrafen. Bei dem Begriff denkt jeder an einen aufgeregten Mob, der einen mutmaßlichen Täter erhängt. Doch der Strick ist nicht immer das Mittel der Wahl: Lynch-Opfer wurden in den USA auch hinter Autos hergeschleift, lebendig angezündet oder auf andere grausame Weise in Selbstjustiz verletzt oder ermordet. Zwischen 1882 und 1968 wurden gemäß der Schwarzen Bürgerrechtsorganisation NAACP in den USA 4743 Lynch-Morde registriert, in fast drei Vierteln der Fälle gegen Schwarze. Die Dunkelziffer dürfte deutlich höher sein.

Es ist eines der dunkelsten Kapitel der amerikanischen Geschichte, doch trotz mehr als 200 Gesetzesvorstößen in den letzten hundert Jahren sind Lynch-Vergehen nach wie vor kein Hassverbrechen auf Bundesebene. Diese Kategorisierung würde dafür sorgen, dass auf die Taten eine besonders harte Mindeststrafe steht.

Ihren Gesetzesvorschlag nennen die drei Senatoren Emmett Till Lynching Act, benannt nach dem vierzehnjährigen Jungen aus Mississippi, der 1955 auf grausame Weise von einem Mob misshandelt und getötet wurde, weil er eine weiße Frau beleidigt haben soll. Tills Mutter bestand damals darauf, dass bei seiner Beisetzungsfeier der Sarg offen blieb. Das Foto von Tills entstelltem Körper und seinem bis zur Unkenntlichkeit zertrümmerten Gesicht ging in die Geschichtsbücher ein. Der Fall machte darauf aufmerksam, wie prekär die Lebenslage vieler Afroamerikaner in den Südstaaten nach wie vor ist.

Im Sommer 2020 steht der Gesetzesvorschlag von Harris, Booker und Scott kurz vor der Verabschiedung durch den Kongress – doch just an dem Tag, an dem George Floyd beerdigt wird, teilt der republikanische Senator Rand Paul seinen Widerstand dagegen mit. Damit wird das Gesetz vorerst scheitern. Paul behauptet, der Tatbestand des Lynchens sei »nicht präzise genug definiert« – mit dem derzeitigen Wortlaut könnte jede Rangelei in einer Bar als Lynchversuch zur Anklage gebracht werden.

Besonders Booker und Harris sind erschüttert über diese Haltung: »Die Idee, dass wir das Thema Lynchen nicht ernst nehmen, ist eine Beleidigung – auch für alle Senatoren, die verstanden haben, dass das Thema ein großer Schandfleck in der Geschichte der USA ist. Und das ausgerechnet an diesem Tag«, schreit Harris ihrem Kollegen Rand Paul quer durch die Senatskammer zu, ihre Stimme zittert, sie wiederholt noch einmal »an diesem Tag, der ein nationaler Trauertag sein sollte.« Auch Booker beklagt, scheinbar den Tränen nahe, dass gerade jetzt das Gesetz ein Zeichen an die Bevölkerung hätte senden können. Doch allen rhetorischen Schlagabtauschen zum Trotz wurde das Gesetz bis heute nicht wieder vom Senat aufgegriffen.

Die Proteste gegen Rassismus und Polizeigewalt ebben den ganzen Sommer nicht ab. Sie arten auch immer wieder in Gewalt aus, vor allem dort, wo linke Black-Lives-Matter-Aktivisten und nationalistische Gruppen wie die Proud-Boys aufeinanderprallen. Präsident Donald Trump und die Republikaner werfen den Demonstranten Anarchismus vor und nutzen die Proteste, um mit einer Recht-und-Ordnung-Agenda Wahlkampf zu machen. Statt dass die furchtbaren Todesfälle das Land einen, spalten sie es noch weiter.

Je länger die Demonstrationen anhalten, desto stärker wird der Druck auf Biden im laufenden Wahlkampf, nicht nur eine Frau, sondern eine nicht-weiße Frau als Vizepräsidentschaftskandidatin auszuwählen. Anfang August warnen ihn beispielsweise mehr als hundert prominente Afroamerikaner – Schauspieler, Bischöfe, Bürgerrechtsaktivisten – in einem offenen Brief: »Falls Sie keine Schwarze Frau auswählen, werden Sie die Wahlen verlieren.« Seit Jahrzehnten bildeten Afroamerikanerinnen das Rückgrat der Demokratischen Partei, sie seien der loyalste Wählerblock, aber bisher spiegle sich das nicht in der Führungsebene des Landes. Endlich müsse eine Schwarze Frau auf das Präsidentschafts-Ticket. Es ist nur einer von unzähligen öffentlichen Aufrufen an Biden.

Die Spekulationen nehmen zu, wer diese Frau werden könnte: Stacey Abrams, die Schwarze Bürgerrechtsaktivistin aus Georgia, die in der Gouverneurswahl 2018 nur überraschend knapp verloren hatte? Die Afroamerikanerin Susan Rice, frühere Sicherheitsberaterin von Barack Obama? Amy Klobuchar, die weiße Senatorin aus Minnesota, die seit Jahren eine Vertraute Bidens ist und im Vorwahlkampf der Demokraten überzeugend aufgetreten war?

Oder Kamala Harris? Die einen sehen sie wegen ihrer Erfahrung in der Strafverfolgung als besonders geeignet, um in der jetzigen Krise eine Führungsrolle zu übernehmen; für die anderen spricht gerade diese Vergangenheit gegen sie. Manche Berater Bidens tragen ihr noch immer den verbalen Angriff in der Fernsehdebatte nach und befürchten, Harris wäre als Vizekandidatin nicht loyal genug. Dass sie an Bidens Seite vor allem ihre eigenen, langfristigen Karrierepläne im Blick hätte.

Eigentlich überrascht es, dass der Wahl der möglichen Nummer zwei überhaupt so viel Aufmerksamkeit zukommt. Das Amt sei »nicht einmal einen Eimer warme Spucke wert«, soll der Vizepräsident von Franklin D. Roosevelt, John Nance Garner, in den 1930er Jahren gesagt haben. Tatsächlich ist das Pflichtenheft des Vizepräsidenten gemäß der Verfassung klein: Wenn der Präsident stirbt, zurücktritt, abgesetzt oder amtsunfähig wird, übernimmt der Vize. Zudem ist er der Vorsitzende des Senats, was unter anderem bedeutet, dass er bei einer Abstimmung in dem hundert Sitze umfassenden Gremium mitstimmen darf, um ein Patt zu brechen.

Ursprünglich sah die Verfassung denjenigen als Vizepräsidenten vor, der die zweitmeisten Elektoren bei einer Präsidentschaftswahl bekam; demnach wäre Trump nun Bidens Vizepräsident. Dass das im politischen Alltag wenig praktikabel wäre, sahen die Gründungsväter aber schnell ein. Im Jahr 1804 fügte der Kongress einen zwölften Verfassungszusatz hinzu, der separate Abstimmungen für die beiden Spitzenämter vorsieht.

Erst in der jüngeren Vergangenheit hat das Amt an Bedeutung gewonnen. Zu verdanken ist das besonders Präsident Jimmy Carter, der 1977 seinen Vize Walter Mondale demonstrativ in alle wichtigen Entscheidungen einbezog und seinem Stellvertreter erstmals auch ein eigenes Büro im West Wing des Weißen Hauses gab. Auch Joe Biden pochte auf ein enges Verhältnis als Vizekandidat für Barack Obama. »Als ich zugesagt habe, hat er mich gefragt, was ich möchte. Ich habe ihm gesagt, ich will die letzte Person im Raum sein, bevor er seine schwierigsten Entscheidungen trifft«, erinnert sich Biden.

Die Wahl der Vizekandidatin ist in diesem Jahr auch deswegen wichtig, weil Biden mit 78 Jahren bei Amtsantritt der älteste Präsident der Geschichte wäre. Alle Kandidatinnen, deren Namen kursieren, sind deutlich jünger. Biden lege auch Wert darauf, so erzählen seine Berater in Interviews, dass seine Vizepräsidentschaftskandidatin Erfahrung auf der nationalen Bühne mitbringt. Offenbar erinnert er sich noch genau an die frühere Gouverneurin von Alaska, Sarah Palin, die im Wahlkampf 2008 der »Running Mate« des republikanischen Präsidentschaftsanwärters John McCain war und damit auf einer Ebene mit Joe Biden antrat. Palin hatte mehrmals unter öffentlichem Druck gepatzt, etwa als sie in Interviews grundlegende Wissenslücken in der Außenpolitik offenbarte oder in der Fernsehdebatte die Namen von Kriegsgenerälen verwechselte. Letzten Endes war sie eher eine Bürde als eine Bereicherung für McCains Wahlkampf.

Diesen Fehler will Bidens Stab unbedingt vermeiden. Das Wahlkampfteam organisiert öffentlich Auftritte mit allen Anwärterinnen – Testläufe für den eigentlichen Wahlkampf im Herbst. Im Juni treten etwa Harris und Bidens Ehefrau Jill gemeinsam virtuell vor Anhängern in Wisconsin auf und sprechen mit der demokratischen Basis über das Gesundheitswesen. Beide bemühen sich, Einigkeit und Harmonie zu demonstrieren – sie wollen zeigen, dass alle Animositäten aus den Vorwahlen vergeben und vergessen sind.

Natürlich wird Harris auch darauf angesprochen, ob sie wirklich an der Seite von genau jenem Kandidaten in den Wahlkampf ziehen würde, dem sie vor gut einem Jahr noch rassistisches Verhalten vorgeworfen hatte. »Es war eine Fernsehdebatte«, entgegnet sie in Interviews nervös lachend. Das sei doch der ganze Sinn von Debatten, dass man diskutieren könne. »Ganz im Ernst: Ich stehe zu tausend Prozent hinter Joe Biden.«

Der wiederum lässt die Öffentlichkeit lange im Ungewissen. Doch am Dienstag, den 11. August, teilt er seine Entscheidung mit. Über den Kurznachrichtendienst Twitter schreibt er um ein Uhr mittags: »Ich habe die große Ehre mitzuteilen, dass ich Kamala Harris ausgewählt habe – eine furchtlose Kämpferin für den kleinen Mann und eine der feinsten Staatsdienerinnen.« Sie habe als Justizministerin eng mit seinem Sohn Beau zusammengearbeitet: Gemeinsam hätten die beiden die großen Banken angegriffen, Arbeitern geholfen und Frauen und Kinder beschützt. Wieder einmal zeigt sich, welchen Einfluss sein verstorbener Sohn nach wie vor auf die Entscheidungen des Vaters hat.

Auf den ersten Blick scheinen Biden und Harris ein ungleiches Paar zu sein – hier die junge, Schwarze Frau aus einer Einwandererfamilie, da der weiße, alte Mann, der seit bald fünf Jahrzehnten in Washington arbeitet. Doch Beobachter erzählen immer wieder, wie ähnlich sich die beiden in vielem seien – etwa in ihrer Leidenschaft für Gespräche mit Bürger*innen, in ihrer Empathiefähigkeit oder in ihrem Glauben als Christen. Politisch schien Harris im Vorwahlkampf zwar links von Biden zu stehen – doch was davon Überzeugung und was dem Opportunismus des Rennens geschuldet war, ist schwer zu fassen.

Biden verspricht, Harris genauso als Partnerin zu behandeln, wie Obama es einst mit ihm getan habe. »Ich verlange von Kamala, dass sie die letzte Stimme im Raum ist. Dass sie mir immer die Wahrheit sagt. Und dass sie mir die harten Fragen stellt.«

Ein Video, das Bidens Wahlkampfstab später ins Internet stellt, zeigt, wie er Harris mit einem Videoanruf kurz zuvor über seine Entscheidung informiert hatte. »Bist du bereit, an die Arbeit zu gehen?«, fragt Biden. »Oh, ich bin so was von bereit«, antwortet Harris. »Also ist die Antwort Ja?«, fragt Biden lachend. »Ein absolutes Ja! Ich bin zutiefst geehrt.« Als sie den Anruf von Biden bekam, werden amerikanische Medien später berichten, stand ihr Ehemann

Doug vor dem Zimmer, das Ohr gegen die Tür gepresst, und lauschte dem Gespräch.

Man könnte zusammenfassend festhalten, sagt Symone Sanders – inzwischen Harris' Sprecherin als Vizepräsidentin –, dass Harris' eigene Präsidentschaftskandidatur zwar gescheitert sei, der Wahlkampf 2020 aber »letzten Endes ganz gut für sie endete«.

Für Biden zahlt sich Harris' Ernennung zur Vizekandidatin sofort aus: In den 24 Stunden nach der Ankündigung nimmt sein Team 26 Millionen Dollar an Spenden ein, doppelt so viel wie Bidens bisheriger Rekord. Darunter sind auch 150 000 Erstspenden an seinen Wahlkampf. Die demokratische Basis scheint sich sicher zu sein, dass Biden und Harris das richtige Team sind, um Trump und Pence zu schlagen. Dass Biden eine nicht-weiße Frau ausgewählt hatte, habe ihm dabei geholfen, Frauen, Afroamerikaner und junge Leute für den Wahlkampf zu begeistern, erzählt Joel Goldstein, Professor emeritus an der Saint Louis University in Missouri und der führende Experte für Vizepräsidentschaften. »Und er setzte damit klar ein Zeichen, wie wichtig es ihm ist, Führungspositionen in Amerika auch für afroamerikanische Frauen zu öffnen.«

Am nächsten Tag treten die beiden – mit Gesichtsmaske und mehreren Metern Abstand – erstmals gemeinsam vor die Fernsehkameras, wenige Tage später lassen sie sich am Demokratischen Parteikonvent Ende August offiziell als Kandidatenduo feiern. Der Parteitag findet, wie nahezu alle bisherigen Wahlkampfaktivitäten der Demokraten, wegen der Pandemie nur virtuell statt – als Teil der Botschaft, dass man das Coronavirus im Gegensatz zu den Republikanern ernst nehme.

Die Rede, die Harris am Parteikonvent gibt, verfolgen fast 23 Millionen Menschen; es ist ihr bis dahin größter Auftritt auf nationaler Bühne. Auch diesmal dankt sie ausführlich ihrer Mutter, ebenso den Kämpferinnen der Frauenrechtsbewegung, auf deren Schultern sie heute stehe. Just in jener Woche jährt sich in den USA die Einführung des Frauenwahlrechts zum hundertsten Mal. Harris lobt Bidens Verdienste – als Kongressabgeordneter, Vizepräsident und alleinerziehender Vater. Vor allem aber schwört sie die demokratische Basis auf den bevorstehenden Kampf ein: »Es geht nicht um Joe oder mich. Es geht um dich. Es geht um uns«, sagt sie in die Fernsehkamera. »Lasst uns mit Überzeugung kämpfen, lasst uns mit Hoffnung kämpfen! Und wenn unsere Kinder und Enkelkinder uns fragen, wo wir waren, als so viel auf dem Spiel stand – dann werden wir ihnen nicht nur erzählen, wie wir uns gefühlt haben. Wir werden ihnen erzählen, was wir getan haben!« Es ist eine Rede voller Pathos, vorgetragen mit Leidenschaft und Energie. Sie gibt jenen Stimmen in Bidens Beraterkreis Recht, die Harris auch deswegen als »Running Mate« wollten, weil sie eine hervorragende Rednerin ist. In jenen Momenten, auch wenn sie den Vergleich nicht mag, wird klar, warum Harris so oft mit Barack Obama verglichen wird.

Doch der Wahlkampf als Vizepräsidentschaftskandidatin ist auch für Harris eine Umstellung: Zum ersten Mal in ihrer Karriere stellt sie sich ganz in den Dienst eines anderen. »Manchmal haben Vizepräsidentschaftskandidaten Probleme damit zu akzeptieren, dass sie nur noch die Nummer zwei sind«, sagt auch Goldstein. Er habe Harris' Verhalten im Wahlkampf unter diesem Aspekt besonders beobachtet und sei zu dem Schluss gekommen, dass sie sich sehr gut und stets loyal verhalten habe.

Die Republikaner stürzen sich sofort auf Harris. Sie versuchen sie als radikale Linke darzustellen, die den moderaten, aber angeblich senilen Biden wie eine Marionette steuern werde. Dass Biden nur 43 Monate älter als Trump ist, ignorieren sie dabei. Das politische Niveau sinkt immer tiefer: Donald Trumps Sohn Eric »liked« einen Tweet, der Harris als »Hure« bezeichnet. Auch der Versandhändler Amazon verkauft T-Shirts mit dem blau-weiß-roten Aufdruck »Joe and the Hoe« – »Joe und die Hure«. Trumps Rechtsberaterin Jenna Ellis vergleicht Harris' Stimme mit der der Comic-Figur Marge Simpson.

Kurz nachdem sie als ›Running Mate‹ ausgewählt wurde, habe ihr Ehemann Doug zu Hause das Kabelfernsehen gekappt, erzählt Harris' Freundin Debbie Mesloh.

In Werbefilmen erinnern die Republikaner die Wähler auch daran, wie Harris einst Biden im Vorwahlkampf angegriffen hatte. Harris wiederum lässt von nun an kein Haar Platz zwischen sich und Biden. Sicherheitshalber wählt jedoch Bidens Team nun Harris' führende Mitarbeiter für den Wahlkampf, zum Nachteil einiger ihrer langjährigen Vertrauten. Offenbar will man ganz sichergehen, dass die beiden als ein Team wahrgenommen werden.

Ähnlich wie das demokratische Establishment sich im Vorwahlkampf plötzlich geschlossen hinter Joe Biden gestellt hatte, tut die Partei es nun mit Harris. Videos von ihr, wie sie in einem Regenschauer auf der Bühne zu Hip

Hop anfängt zu tanzen, werden in den sozialen Netzwerken gefeiert, ebenso Fotos ihrer Chuck-Taylor-Schuh-
kollektion. Das Bild einer hippen, coolen Vizepräsidentin
wird poliert und zelebriert, es wirkt wie eine ideale Ergän-
zung zum zwanzig Jahre älteren Joe Biden.

Auch Harris' Familie ist im Wahlkampf gefordert. Ihr
Ehemann Doug Emhoff legt seine Arbeit als Partner in der
Anwaltskanzlei DLA Piper in Washington vorrübergehend
nieder. Erstens braucht der Wahlkampfstab ihn nun für öffentliche Auftritte – schließlich würde auch Emhoff im Fall
eines Wahlsiegs Geschichte als erster »Second Gentleman«
schreiben. Zudem hatte Bidens Team befürchtet, dass man
Harris Interessenkonflikte unterstellen könnte – Emhoffs
Arbeitgeber DLA Piper hat schließlich große Firmenkun-
den in der Verteidigungs- und Kommunikationsindustrie
ebenso wie Niederlassungen in Riad, Peking und Moskau.

Statt Mandanten juristisch zu beraten und zu verteidigen, wird Emhoff nun hauptberuflicher Wahlkämpfer für
seine Frau. Wenige Wochen nach Harris' Wahl zur Vizepräsidentschaftskandidatin beginnt in den USA traditionell
die Endphase des Wahlkampfs; gemeinhin sagt man, dass
es nach dem Feiertagswochenende Labor Day Anfang September so richtig losgeht. Auch Biden, Harris und ihre Partner wechseln nun vom virtuellen Wahlkampf zurück in die
reale Welt, trotz Pandemie. Unentschlossene Wählerher-
zen gewinnt man schließlich nicht in Zoom-Telefonaten,
sondern mit persönlichen Auftritten. Die vier reisen quer
durchs Land, mal zusammen, mal einzeln. Emhoff kommt
unter anderem die Aufgabe zu, den ehrenamtlichen Helfer*innen für ihren Einsatz zu danken – eine scheinbar ba-

nale Aufgabe, doch die riesige Wahlkampfmaschinerie lebt von der Motivation eines jeden Einzelnen. »Ich sitze hier gerade mit Tränen in den Augen, weil mich vor einer halben Stunde Douglas Emhoff angerufen hat und mir für meine Hilfe gedankt hat, Michigan für die Demokraten zu sichern«, schreibt die ehrenamtliche Helferin Terra Bielby Ende September auf Twitter. »Das ist genau die Motivation, die ich gebraucht habe, um in den nächsten 42 Tagen 150 Prozent zu geben. Entschuldigung, dass ich nicht glauben konnte, dass wirklich Sie es sind!«

Zu den Höhepunkten eines jeden Präsidentschaftswahlkampfs zählen wenige Wochen vor dem Wahltag die Fernsehdebatten zwischen den beiden Spitzenkandidaten. Im Jahr 2020 markiert das Aufeinandertreffen von Biden und Trump einen Tiefpunkt: Die beiden Männer, die um das höchste Staatsamt konkurrieren, liefern sich über neunzig Minuten ein Schreiduell, bei dem besser keine Kinder zugeschaut hätten. Insbesondere Trump fällt Biden ständig ins Wort und macht sich öffentlich über dessen einst drogensüchtigen Sohn Hunter lustig. Doch auch Biden schlägt auf tiefem Niveau zurück, er nennt den Präsidenten einen »Clown« und fährt ihn an: »Hältst du endlich mal den Mund?« Mit Blick auf die Frage, was das amerikanische Volk in den nächsten vier Jahren von den Kandidaten zu erwarten hätte, liefert die Debatte politisch keine Antworten.

Wenige Tage nach der Debatte folgt ein weiterer Paukenschlag: Trumps Wahlkampfteam gibt bekannt, dass der Präsident und die First Lady positiv auf das Coronavirus getestet wurden. Trump wird kurz darauf mit Fieber und niedriger Sauerstoffsättigung ins Walter-Reid-Militärkrankenhaus eingeliefert, dreißig Autominuten nördlich von Washington gelegen. Dort wird er mit Sauerstoff, Steroiden und neuartigen, noch nicht zugelassenen Medikamenten behandelt. Die Weltmacht wirkt instabil und krisengebeutelt wie lange nicht mehr Das Weiße Haus widerspricht sich in der Darstellung von Trumps Gesundheitszustand, doch nach drei Tagen wird der Präsident wieder entlassen.

Inmitten dieser Staatskrise läuft der Wahlkampf weiter – und zwar mit der Fernsehdebatte der Vizepräsidentschaftskandidaten. Normalerweise stößt diese auf eher wenig Interesse, schließlich entscheiden die wenigsten Wähler*innen, wen sie als Präsidenten wollen, darauf basierend, wie gut sich ihre Stellvertreter öffentlich in einer Debatte geschlagen haben.

Doch auch das ist dieses Jahr anders: Mit Biden und Trump kämpfen die zwei ältesten Anwärter in der Geschichte um das Amt. Damit ist es auch wahrscheinlicher, dass der oder die Nummer zwei einmal die Regierungsgeschäfte übernehmen muss. Außerdem treffen mit Mike Pence und Kamala Harris zwei legendäre Debattierer aufeinander: Pence moderierte einst eine christliche Radiosendung in Indiana und gilt als enorm schlagfertig. Harris wiederum hat sich bei den Senatsanhörungen den Ruf als knallharte Rednerin erarbeitet. Viele Demokraten lechzen danach zuzuschauen, wie Harris auch den Vizepräsidenten Pence in einer Debatte auseinandernimmt.

Als die beiden am 7. Oktober in der University of Utah in Salt Lake City aufeinandertreffen, trennt eine Plexiglasscheibe ihre weit auseinanderstehenden Rednerpulte. Trumps Corona-Erkrankung war den Organisatoren eine

Warnung, dass sie die Vorsichtsmaßnahmen gegen das Virus ausweiten müssen. Es ist unklar, ob der Präsident bereits bei der Fernsehdebatte gegen Biden erkrankt und ansteckend war – und an jenem Abend trennte keine Schutzwand die Kandidaten.

Wer auf ein hitziges Wortgefecht zwischen Pence und Harris gehofft hatte, wird nicht enttäuscht. Gleich ab der ersten Minute findet insbesondere Harris deutliche Worte für das Krisenmanagement der Regierung, das Pence im Auftrag von Präsident Trump leitet. »Das amerikanische Volk hat das größte Versagen eines Präsidenten in der Geschichte unseres Landes gesehen.« Sie erinnert an die mehr als 210 000 Amerikaner, die zu diesem Zeitpunkt an den Folgen des Virus gestorben sind, und wirft der Regierung Inkompetenz vor. Präsident Trump sei bereits im Januar vom Nationalen Sicherheitsrat über den Ernst der Pandemie informiert worden und habe die Krise trotzdem wochenlang dem Volk verschwiegen. Jedes Mal, wenn Pence sie unterbrechen will – und das geschieht häufig –, hält sie inne und ermahnt ihn: »Herr Vizepräsident, ich rede jetzt.«

Doch auch Pence teilt an dem Abend kräftig aus: Biden und Harris wollten die Steuern erhöhen, was den Aufschwung der Wirtschaft zunichtemachen würde. Der Klimaplan der Demokraten, der sogenannte »Green New Deal«, würde die amerikanische Energieversorgung unterwandern. Er erinnert die Zuschauer daran, dass Trump schon im Februar alle Einreisen aus China ausgesetzt hatte, um die amerikanische Bevölkerung vor dem Coronavirus zu schützen, »der Präsident stellt die Gesundheit Amerikas an oberste Stelle«. Er geht in die Offensive: »Senatorin, hören Sie auf, politische Spielchen mit den Leben der Menschen zu betreiben.« Zudem greift er Harris' Arbeit als Strafverfolgerin an: »Als Justizministerin haben Sie nichts für eine Reform des Strafrechtswesens in Kalifornien getan.«

»Ich werde nicht hier sitzen«, entgegnet diese darauf, »und mich vom Vizepräsidenten darüber belehren lassen, was es bedeutet, die Gesetze in diesem Land zu vollstrecken.« Ihre Arbeit als Justizministerin Kaliforniens diene »als Vorlage dafür, was unser ganzes Land tun sollte und was wir unter der Präsidentschaft von Joe Biden tun werden.« Sie erinnert die Zuschauer umgekehrt daran, dass Präsident Trump seit jeher die Nähe zu weißen Nationalisten gesucht habe und er sich erst vergangene Woche in der Fernsehdebatte geweigert hatte, deren Taten klar zu verurteilen.

Für ihre Verhältnisse gibt sich Harris an diesem Abend zurückhaltend. Bidens Wahlkampfteam will in der Debatte offenbar nichts riskieren, schließlich führen die Demokraten in Umfragen. Zudem ist Bidens Botschaft im Wahlkampf, dass er und Harris wieder Anstand und Respekt ins Weiße Haus bringen würden. Da würde es nicht passen, wenn auch die Vizepräsidentendebatte in einem Schreikampf enden würde. Harris weicht hartnäckig den Fragen der Moderatorin und von Pence aus, ob die Regierung Biden im Fall eines Wahlsiegs tatsächlich die Zahl der Richter am Supreme Court erhöhen werde, um den Einfluss der neuen konservativen Stimmen dort zu schwächen. Bloß keinen Stoff für neue Kontroversen liefern.

Insgesamt ist der Umgangston an dem Abend deutlich anständiger und respektvoller als in der Woche zuvor: keine persönlichen Beleidigungen, keine Hänselnamen für den Gegner. Es sei eine Ehre, mit ihr auf der Bühne zu stehen, sagt Pence gar zu Harris; die wiederum sendet Präsident Trump und seiner Frau Wünsche für eine baldige Genesung.

Zu jenem Zeitpunkt sind es keine vier Wochen mehr bis zur Präsidentschaftswahl. Doch wenige Wochen zuvor ist die Supreme-Court-Richterin Ruth Bader Ginsburg plötzlich an den Folgen eines Krebsleidens verstorben. Damit kann Präsident Trump zum dritten Mal einen Richter für das Oberste Gericht des Landes nominieren und die konservative Mehrheit in dem Gremium auf Jahrzehnte hinaus zementieren. Für Amerikas Linke ist es ein Schlag ins Gesicht: Bader Ginsburg war auch in ihrem fortgeschrittenen Alter von siebenundachtzig Jahren eine Galionsfigur der Progressiven und hatte sich zeitlebens für eine Gleichberechtigung der Geschlechter eingesetzt. Alle, inklusive Bader Ginsburg, hatten gehofft, sie würde gesundheitlich noch bis zum Ende der Ära Trump durchhalten.

Die Demokraten empören sich vor allem darüber, dass die Republikaner so kurz vor der Wahl überhaupt noch den Obersten Richterposten nachbesetzen wollen. Schließlich hatten sie es vier Jahre zuvor Präsident Barack Obama verwehrt, über den Nachfolger des plötzlich verstorbenen Richters Antonin Scalia zu entscheiden. In einem Wahljahr solle man erst einmal den Willen des Volkes abwarten, argumentierte der republikanische Mehrheitsführer Mitch McConnell damals. Seine damaligen Worte interessieren ihn vier Jahre später, da nun die Republikaner an der Macht sind, nicht mehr.

Zum dritten Mal innerhalb von nur vier Jahren hört

somit der Justizausschuss des Senats einen Kandidaten für das Oberste Gericht an. Auch Kamala Harris unterbricht den Wahlkampf, um den Anhörungen von Amy Coney Barrett beizusitzen. Wie schon bei den ersten beiden Nachbesetzungen ist auch sie eine Anwärterin, die Präsident Trump von der Liste der Federalist Society ausgewählt hat.

Harris verwandelt ihre Befragung von Coney Barrett in einen Wahlkampfauftritt. Bevor sie dieser auch nur eine Frage stellt, rügt sie die Regierung Trump erst einmal fast fünfzehn Minuten lang für das Krisenmanagement in der Pandemie. Auch Coney Barrett werde eine »Trump-Richterin« werden, behauptet Harris, die sich virtuell zu der Anhörung geschaltet hat. Sie verweist darauf, dass vor dem Supreme Court zurzeit eine Klage der Regierung liege, die darauf abziele, die Gesundheitsreform von Präsident Obama ein für alle Mal zu revidieren – und das inmitten der Pandemie. Sie fragt Coney Barrett, ob sie sich bewusst sei, dass Präsident Trump explizit mit dem Versprechen Wahlkampf gemacht habe, Supreme-Court-Richter vorzuschlagen, welche gegen die Gesundheitsreform stimmen werden. Die Richterkandidatin behauptet, nichts Derartiges in der Presse gelesen zu haben. »Ich habe nie jemandem zugesagt, wie ich in einem solchen Fall stimmen würde, und ich hoffe, dass der Ausschuss auf meine Integrität vertraut.« Harris und Coney Barrett – beide hochintelligente Juristinnen – durchschauen sofort die Frage- bzw. Antwortstrategie der anderen und liefern sich mehrere rhetorische Schlagabtausche auf Augenhöhe.

Harris greift Coney Barrett auch dafür an, dass sie behauptet, mit Blick auf Abtreibungsfragen völlig neutral zu sein – tatsächlich aber habe sie, eine siebenfache Mutter und Katholikin, in der Vergangenheit immer wieder klargemacht, dass sie Abtreibungen ablehne. Sie habe früher nicht nur einer »Recht auf Leben«-Organisation angehört, sondern einst das Grundsatzurteil Roe v. Wade in einer Zeitungsanzeige als »barbarisch« bezeichnet. »Ich würde vorschlagen, dass wir nicht so tun, als wüssten wir nicht, wie diese Kandidatin zum Abtreibungsrecht für Frauen steht«, sagt Harris. Statt Coney Barrett auch nur eine Frage zu dieser Thematik zu stellen, beendet sie ihre Redezeit und gibt das Wort an den Ausschussvorsitzenden zurück. Acht Tage vor den Kongress- und Präsidentenwahlen wird Amy Coney Barrett zur nächsten Supreme-Court-Richterin vereidigt.

Dann ist der Tag gekommen, auf den Amerikas Demokraten seit vier Jahren gewartet haben – jener Tag, an dem Präsident Trump aus dem Amt gewählt werden könnte. Die Datenplattform Fivethirtyeight gibt ihm am Wahltag – dem 3. November 2020 – eine Chance von zehn Prozent zur Wiederwahl. Doch auch 2016 hatten ihm die Experten und Umfragen geringe Siegeschancen prognostiziert.

Statt auf die Richtigkeit der Umfragen zu vertrauen, kämpfen die Demokraten bis zur allerletzten Minute. Kamala Harris besucht noch einmal Michigan. Der Bundesstaat im Mittleren Westen war jahrzehntelang eine Bastion der Demokraten, die Hillary Clinton 2016 für sicher geglaubt und deswegen vernachlässigt hatte – und die Trump prompt überraschend erobert hatte. In Detroit, wo drei Viertel der Bevölkerung Schwarz sind, bittet Harris die Bürger*innen ein letztes Mal: »Die Wahllokale schließen um 20 Uhr – es ist wichtig, dass jeder wählen geht. Das wird darüber entscheiden, wer der nächste Präsident der Vereinigten Staaten wird!« Doug Emhoff appelliert zur gleichen Zeit an die Wähler in Ohio, Joe Biden an die in Pennsylvania – zwei weitere »Swing States«, die Trump 2016 überraschend gewonnen hatte.

Dann sind alle Reden gehalten, alle Wahlzettel verteilt. Es bleibt nur noch zu warten. In Delaware verfolgen Kamala Harris, Joe Biden und ihre jeweiligen Partner den Ausgang der Wahlen im Fernsehen. Auch dieses Jahr gibt es einige Überraschungen: Trump gewinnt erneut und überraschend deutlich den wichtigen »Swing State« Florida – und das ausgerechnet dank starker Unterstützung der hispanischstämmigen Wähler. Für Verblüffung sorgt auch Trump selbst, als er um zwei Uhr nachts vor die Fernsehkameras tritt und behauptet, er habe die Wahl schon jetzt gewonnen. Zu diesem Zeitpunkt sind Millionen von Wahlzetteln noch gar nicht ausgezählt; zudem führt Biden in einstigen republikanischen Hochburgen wie Arizona. »Wenn Sie mich fragen, dann haben wir schon gewonnen, und ich danke jedem, der uns unterstützt hat«, erklärt Trump vor laufenden Fernsehkameras. Auch Biden wendet sich noch in der Nacht an die Wähler und gibt sich euphorisch, wenn auch in gemäßigterem Ton: »Ich bin optimistisch. Verliert den Glauben nicht, wir werden das Ganze gewinnen!«

Tatsächlich wird die Auszählung der Stimmzettel noch Tage dauern, weil so viele Wähler*innen wie noch nie in der 244-jährigen Geschichte des Landes abgestimmt haben, sehr viele via Briefwahl. In gleich vier Bundesstaaten liegen

Biden und Trump Kopf an Kopf: Pennsylvania, Georgia, Nevada und Arizona.

Die großen Nachrichtensender verfolgen in den kommenden Tagen rund um die Uhr die Stimmauszählungen, die Augen der Nation ruhen nun auf bisher wenig bekannten Regionen wie Maricopa County, Arizona oder Luzerne County, Pennsylvania. Die ganze Welt schaut nach Amerika, die einen hoffen, die anderen zittern, dass Trump es noch einmal schaffen könnte.

Der Wendepunkt zeichnet sich erstmals am Freitag, drei Tage nach der Wahl, ab, als Biden plötzlich in Georgia wie auch Pennsylvania in Hochrechnungen vorne liegt. Ein Sieg in nur einem der beiden Bundesstaaten würde ihm reichen, um die entscheidende Schwelle von 270 Elektorenstimmen zu erreichen. Doch noch ist sein Vorsprung dort kleiner als die Zahl der noch nicht gezählten Stimmzettel.

Auch am Morgen des 7. November, einem Samstag und Tag vier nach der Präsidentenwahl, steht das Ergebnis noch aus. In Wilmington, Delaware, beschließen Kamala Harris und ihr Mann Doug das zu tun, was sie so häufig im nervenaufreibenden Wahlkampf der letzten zwei Jahre getan haben – sie beginnen den Tag mit einer Runde Walking.

# Geschichte schreiben

Die Amtseinführung eines neuen Präsidenten ist im Haupt-
stadtbezirk Washington normalerweise ein Riesenereignis:
Hunderttausende Menschen aus dem ganzen Land, ja teils
aus der ganzen Welt versammeln sich auf der National
Mall – dem Grünstreifen zwischen dem Lincoln Memorial
und dem Kapitol. Mit eigens angefertigten T-Shirts, Postern
und Fahnen in der Hand feiern sie den Beginn einer neuen
Präsidentschaft und damit eines neuen Kapitels in der amerikanischen Geschichte.

Doch an diesem Dienstag, den 20. Januar 2021, gleicht
Washington weniger dem Machtzentrum der freien Welt
als einem Übungsgelände des Militärs. Tausende Sicherheitskräfte in Tarnanzügen bewachen die Innenstadt, Barri-
kaden sperren die Zufahrtsstraßen zum Kapitol und dem
Weißen Haus ab, Helikopter kreisen über der Stadt. Das
amerikanische Volk bekommt heute zwar einen neuen Präsidenten, doch kaum ein Bürger kann den Feierlichkeiten
beiwohnen.

Das liegt nicht nur an der Pandemie, die das Land weiterhin im Würgeriff hält und zu diesem Zeitpunkt mehr
als 400 000 Todesopfer gefordert hat. Zu groß ist auch die
Angst, dass sich die Vorfälle von vor zwei Wochen wieder-
holen könnten: Am 6. Januar stürmte ein wütender Mob
von Tausenden Trump-Anhängern den Kongresssitz und

zog teils schwer bewaffnet durch die Hallen des Kapitols, auf der Suche nach den Nummern zwei und drei der Staatsführung – Vizepräsident Mike Pence und Speakerin Nancy Pelosi. Mehrere Demonstranten und Sicherheitskräfte wurden dabei schwer verletzt, fünf verloren ihr Leben und das historische Machtzentrum des amerikanischen Volkes einen Teil seiner Würde. In den Parteizentralen der Demokraten und Republikaner entdeckte man später Rohrbomben, die zum Glück nicht gezündet hatten.

Am 20. Januar nun fürchten die Organisatoren der Feierlichkeiten, dass Radikale die friedliche Machtübergabe stören könnten. Auch sonst ist an diesem Tag vieles anders: Zum ersten Mal in der jüngeren Geschichte ist der Amtsinhaber nicht bei der Einführung seines Nachfolgers dabei. Donald Trump hat die Wahlergebnisse nach wie vor nicht anerkannt, obwohl diese eindeutig sind und alle seine Beschwerden und Klagen von Richtern abgewiesen wurden. In den frühen Morgenstunden hat er das Weiße Haus in Richtung Florida per Helikopter verlassen.

Auch Joe Biden schreibt an diesem Tag Geschichte: Mit achtundsiebzig Jahren ist er bei Amtsantritt der bis dato älteste Präsident der Vereinigten Staaten. Und zum ersten Mal steht an seiner Seite eine Frau, noch dazu eine Schwarze, noch dazu eine asiatischstämmige. Die neue Vizepräsidentin Kamala Harris verkörpert in vielerlei Hinsicht die Vielfalt Amerikas. Erstmals ist die Nummer zwei im Land auch die direkte Nachfahrin von Einwanderern, eine sogenannte »First Generation American« – so wie inzwischen etwa zehn Prozent der erwachsenen Bevölkerung in den USA.

Kurz nach Beginn der offiziellen Feierlichkeiten, um 8 Uhr 41 amerikanischer Ostküstenzeit, tritt Kamala Harris in die Mitte der Tribüne, die alle vier Jahre extra vor dem Kapitol aufgebaut wird. Sie trägt ein lilafarbenes Kleid mit passendem Wollmantel, dazu wie immer eine Perlenkette, und hebt die Hand zum Amtsschwur. Hinter ihr stehen ihre Stiefkinder Ella und Cole, Joe Biden und seine Familie, Harris' Schwester Maya und ihr Mann, ihre Nichte Meena, ihre indischstämmige Cousine. Auch der republikanische Minderheitsführer Mitch McConnell ist gekommen, ebenso wie die früheren Präsidenten Bill Clinton, George W. Bush, Barack Obama und Harris' Amtsvorgänger Mike Pence. Die Botschaft der Bilder ist eindeutig: Amerikas Parteien akzeptieren vereint dieses Wahlergebnis, egal, was Donald Trump behauptet.

Doug Emhoff steht neben seiner Frau und hält zwei Bibeln in der Hand – die eine von Harris' Vorbild Thurgood Marshall, die andere von ihrer »zweiten Mutter« in Berkeley, Regina Shelton. Auf beide Bibeln legt Harris nun ihre linke Hand, die rechte hebt sie zum Amtseid und schaut zu Sonia Sotomayor, der ersten hispanischstämmigen Richterin am Supreme Court, die Harris nun vorliest: »Ich, Kamala Harris, schwöre, dass ich die Verfassung der Vereinigten Staaten gegen alle Feinde, ob inländisch oder ausländisch, unterstützte und verteidige …« Später wird Harris sagen, dass sie in jenem Augenblick versucht habe, die historische Bedeutung des Moments zu begreifen. Ein Lächeln huscht am Ende des Amtseids über ihr Gesicht, als sie mit den Worten schließt: »So wahr mir Gott helfe.« Das Ganze dauert keine zwei Minuten, doch es ist jener Moment, mit dem die USA an diesem Tag Geschichte schreiben. Harris dreht sich um und blickt strahlend Joe Biden an, der kumpelhaft mit seinen Fäusten gegen ihre schlägt. In die Arme fallen sich die beiden wegen der Pandemie bewusst nicht – die neue Regierung will mit gutem Beispiel vorangehen.

Dass im Weißen Haus nun eine neue Zeit anbricht, spiegelt sich auch in der nun folgenden Feier zur Amtseinführung. Die Künstler, die nach Bidens Vereidigung als Präsident auftreten, sind so vielfältig wie Amerika, vom Countrysänger Garth Brooks über die Latina Jennifer Lopez bis zur zweiundzwanzigjährigen afroamerikanischen Dichterin Amanda Gorman. In Washington können den offiziellen Feierlichkeiten zwar nur wenige beiwohnen, doch im ganzen Land jubeln die Bürger, vor allem in den liberalen Großstädten an den Küsten – und in Harris' Heimat. In Oakland erstrahlt das Rathaus am Abend in Blau-Rot-Weiß, in San Francisco verkaufen Ladenbesitzer die eigens kreierte Eiscreme-Sorte »MVP – Madame Vice President« – gesalzene Vanille mit Pekannüssen.

Doch an diesem Tag wird nicht nur gefeiert. Noch am Nachmittag unterzeichnet Präsident Biden 17 Exekutivverordnungen – von der Pandemie-Bekämpfung über die Zuwanderung bis zum Klimawandel revidiert er Entscheidungen seines Vorgängers. Es sind mehr Dekrete, als die Präsidenten Bush, Obama und Trump zusammen an ihrem ersten Tag verabschiedet hatten. Die Botschaft der neuen Regierung ist klar: Sie hat keine Zeit zu verlieren.

Tatsächlich stehen bereits im November 2022 die nächsten Kongresswahlen an, und erfahrungsgemäß büßt die regierende Partei dann Kongresssitze ein. Damit könnten die

Demokraten ihre Mehrheiten im Repräsentantenhaus und im Senat wieder verlieren. Schon jetzt sind diese hauchdünn, besonders im Senat: Dort halten Demokraten und Republikaner genau 50 Sitze – somit liefert Harris als Vizepräsidentin künftig bei Patt-Situationen die entscheidende Stimme. Auch Mike Pence musste dies als Vizepräsident regelmäßig tun, in vier Jahren insgesamt dreizehn Mal – und das, obwohl die Republikaner dort eigentlich eine Mehrheit hatten. Die neue, knappe Sitzkonstellation im Senat wird das Regieren für Biden und Harris noch schwieriger machen, weil nun einzelne Senatoren mit ihrer Stimme ganze Regierungsvorhaben ermöglichen oder verhindern können.

Vor der Regierung liegen große Aufgaben. Biden hat sich das umfangreichste Infrastrukturprogramm vorgenommen, das die USA seit Jahrzehnten gesehen haben: 10 000 Brücken und 32 000 Kilometer Straßen sollen repariert, 80 Milliarden Dollar in den Schienenverkehr investiert werden, bleihaltige Leitungen aus dem Wassersystem entfernt und Internetleitungen verbessert werden. Auf diese Weise will Biden auch Tausende neue Arbeitsplätze schaffen und die US-Wirtschaft nachhaltiger und umweltfreundlicher gestalten. Doch als Allererstes muss das Land die schwerste Pandemie seit hundert Jahren und ihre wirtschaftlichen Folgen überwinden. Auch die gesellschaftliche Auseinandersetzung mit Rassismus und Polizeigewalt ist noch längst nicht überwunden.

Zudem sind eine Reform des Zuwanderungsrechts wie auch des Strafrechts überfällig. Doch für die meisten Gesetzesänderungen braucht die Regierung 60 Stimmen im

Senat, was angesichts der enormen politischen Spaltung im Kongress utopisch wirkt. Die Demokraten erwägen deswegen den Gesetzgebungsprozess zu ändern – das allerdings würde wohl unabsehbare langfristige Folgen nach sich ziehen. Gleichzeitig spitzen sich außenpolitisch die Machtkämpfe mit China und Russland zu. Die Kampfplätze, an denen die USA herausgefordert werden, reichen inzwischen vom Südchinesischen Meer bis in den Cyberspace.

Und nicht zuletzt dürfte Donald Trump aus der Ferne sein Möglichstes tun, um die Autorität der neuen Regierung zu untergraben und die politische Spaltung im Land zu vertiefen.

Bei alldem werden Beobachter mit Argusaugen verfolgen, wie sich das Verhältnis zwischen Joe Biden und Kamala Harris entwickelt. Bisher sei dieses Verhältnis bemerkenswert eng, erzählt der Vizepräsidentschaftsexperte Joel Goldstein. Ihm sei aufgefallen, wie sehr Joe Biden seine Vizepräsidentin in alle Entscheidungen und Briefings einbezogen habe. »Zum ersten Mal arbeiten die beiden nun im Alltag Seite an Seite. Harris lernt so Bidens Denk- und Herangehensweise besser kennen und erfährt, was ihm wichtig ist, wie er denkt, wie man ihm am besten Vorschläge unterbreitet.« Auf diese Weise bekomme sie zudem nicht nur Einblicke in ein oder zwei Themenfelder wie andere Berater, sondern sehe das gesamte Spektrum an Problemen und Themen. Zudem sende diese enge Zusammenarbeit eine Botschaft an alle: dass nämlich Biden Harris sehr schätzt. »Das ist innenpolitisch wertvoll, aber auch wenn es darum geht, dass Harris die Regierung in Gesprächen mit anderen Staatsoberhäuptern vertritt.«

Umgekehrt verhalte sich Harris bisher »angemessen ehrerbietig«, findet Goldstein, »ohne dabei jedoch so unterwürfig zu sein, wie es Vizepräsident Pence war«. Joe Biden diente dem zwanzig Jahre jüngeren Präsidenten Barack Obama einst als Brückenbauer in den Kongress. Harris wiederum könnte für Biden ein Bindeglied zum Volk sein, glaubt Goldstein – auch, weil sie eine hervorragende Rednerin ist und die Politik der Regierung im In- wie Ausland anpreisen könne. »Ihre Lebenserfahrung ist außerdem eine ganz andere als die von Biden« – damit habe sie für manche Bürger*innen womöglich eine höhere Glaubwürdigkeit.

Harris hat inzwischen auch ihre eigenen Fundraising-Kassen aufgelöst – eine symbolische Geste, die zeigt, dass sie künftig nur noch Spenden für die Partei und für den Präsidenten einsammeln wird, aber vorerst nicht mehr ihre eigenen Wahlkampfmittel füllen wird. Schließlich weiß auch sie, dass alles, was sie von nun an tut, sowohl mit Blick auf die Regierung als auch ihre eigenen künftigen Ambitionen streng beobachtet wird.

In jedem Fall muss Harris dazulernen, und zwar schnell: Andere Mitglieder der Regierung Biden bringen jahrelange Erfahrung im Weißen Haus und in internationaler Politik mit sich, beispielsweise Außenminister Antony Blinken oder die innenpolitische Beraterin Susan Rice. Harris ist erst seit vier Jahren in Washington. Zudem wird sie ihr internationales Profil ausbauen müssen, das sich bisher vor allem auf Strafrechtskooperationen mit Mexiko und Besuche amerikanischer Militärbasen beschränkt. Präsident Biden hat ihr dazu im Frühjahr eine erste Chance gegeben: Sie soll auf diplomatischem Weg mit den Ländern Lateinamerikas die Zuwanderungskrise an Amerikas Südgrenze lösen. »Wenn sie redet, redet sie für mich. Sie muss auch nicht mit mir Rücksprache nehmen. Sie weiß, was sie tut«, sagte Biden, als er Harris' Auftrag öffentlich bekanntgab.

Nicht nur beruflich ist die Vizepräsidentschaft ihre bisher größte Herausforderung. Auch für ihr Privatleben und ihre Familie hat sich einiges verändert. Harris hat ihre Wohnung in San Francisco verkauft, sie wird nur noch selten in die Bay Area zurückkehren. Innerhalb von Washington sind sie und ihr Mann in den offiziellen Wohnsitz des Vizepräsidenten gezogen, das Naval Observatory – ein Anwesen von fast 900 Quadratmetern, in dem seit den 1970er Jahren alle Vizepräsidenten gewohnt haben.

Doug Emhoff hat seine Arbeit als Anwalt seit November ganz niedergelegt, um jeglichen Anschein von Interessenkonflikten zu verhindern. Er kann sich nun verstärkt auf seine eigene historische Rolle konzentrieren: die als erster Second Gentleman. Wie für alle Ehepartner im Weißen Haus gibt es auch für dieses Amt kein Pflichtenheft und kein Gehalt. Zudem unterrichtet Emhoff an der juristischen Fakultät der Universität Georgetown in Washington, D.C. »Natürlich ist es komisch, den Second Gentleman als Lehrer zu haben«, antwortete er auf die Frage, wie seine Studenten auf ihn reagiert hätten. »Aber wir haben das fünf Minuten nach Beginn der ersten Vorlesung hinter uns gelassen. Jetzt geht es nur darum, dass ich versuche, meine Erfahrungen als Anwalt mit den Studenten zu teilen.«

Auch der Rest der Großfamilie Emhoff-Harris musste sich nach dem Wahlsieg umstellen. Ella Emhoff, die Modedesign studiert, zog am Tag der Amtseinführung ihrer Stiefmutter mit ihrem Outfit – einem bestickten Wollmantel mit weißem Kragen – die Fernsehkameras auf sich. Wenige Tage später nahm die renommierte Modelagentur IMG die Einundzwanzigjährige unter Vertrag. Daraufhin wurden Stimmen laut, die Ella Vorteilsnahme durch Harris' Position unterstellten.

In die Kritik geriet aber vor allem Harris' Nichte Meena Harris: Diese hatte im Zuge der Senatskandidatur ihrer Tante bereits 2016 eine Kleiderfirma namens »Phenomenal Woman« gegründet. Deren Markenzeichen sind auf T-Shirts und Pullover gedruckte Sprüche, um etwa Frauen, Schwarze und Native Americans zu unterstützen. Teile des Erlöses spendet die Firma an Wohltätigkeitsorganisationen. Im Zuge des Präsidentschaftswahlkampfs 2020 gab die Modefirma dann eine Serie heraus mit dem Aufdruck »Vice President Auntie«, also »Tante Vizepräsidentin«, einen Kamala-Harris-Badeanzug für 55 Dollar, ein »Jetzt rede ich«-T-Shirt – jener Spruch, den Harris in der Fernsehdebatte mit Mike Pence immer wieder benutzt hatte. Mit einer Hardware-Firma entwarf Meena Harris zudem eine Sonderedition von Kopfhörern, auf denen ein weiterer bekannter Spruch ihrer Tante steht: »Die Erste, aber nicht die Letzte«. Just am Tag vor der Amtseinführung brachte sie auch ein neues Kinderbuch auf den Markt mit dem Titel »Ehrgeiziges Mädchen«, das prompt auf den ersten Platz der Bestsellerlisten schoss.

Für die Regierung ist das Verhalten der Nichte problematisch – auch, weil Biden und Harris im Wahlkampf gelobt hatten, höhere ethische Standards im Weißen Haus einzuhalten, als Donald Trump es getan hatte. Der schien seine

Präsidentschaft als Werbefläche für sein Firmenimperium zu verstehen. Inzwischen haben Anwälte des Weißen Hauses Meena aufgefordert, Produkte mit Bezug zu Kamala Harris nicht mehr zu vertreiben. Daran hält sich diese, flog aber im Privatflugzeug eines Biden-Spenders zur Amtseinführung nach Washington. In Interviews antworten Gesprächspartner auf Fragen nach Meena Harris nur mit Kopfschütteln und sagen seufzend, dass sie dazu lieber nichts sagen. Richard Painter, der in der Regierung von George W. Bush als Anwalt für Ethikfragen zuständig war, sagte der »Los Angeles Times«, dass Kamala Harris wenig Einfluss auf ihre Verwandten habe. Aber wenn Meena in Privatflugzeugen von Spendern reise und den Namen ihrer Tante für ihren finanziellen Vorteil verwende, »dann wäre ich mir nicht sicher, ob ich sie im nächsten Wahlkampf dabeihaben wollte«.

Die über allem schwebende Frage ist, ob Kamala Harris das nächste Mal selbst die Spitzenkandidatin sein wird. Bekanntlich gilt das Amt des Vizes als Sprungbrett für eigene Präsidentschaftsambitionen, wie nicht zuletzt das Beispiel Joe Bidens zeigt. 15 der bis dato 46 Präsidenten hatten zuvor das Stellvertreteramt inne. Nimmt man die Anfeindungen der Republikaner als Indiz dafür, wie ernst die politischen Gegner Harris nehmen, sind ihre Aussichten glänzend: Der Senator Lindsay Graham etwa spekuliert bereits, wie man Harris als Vizepräsidentin impeachen, also ein Amtsenthebungsverfahren gegen sie einleiten könnte. Kamala Harris habe auf Twitter zu Spenden an eine Organisation aufgerufen, damit diese die Kaution für inhaftierte Black-Lives-Matter-Aktivisten zahlen könnte. Einer der Aktivisten habe nach seiner Entlassung ein Gewaltverbrechen begangen. Die Vorwürfe wirken etwas dünn – aber offenbar sind die Republikaner getrieben von dem Wunsch, Harris' weiteren Aufstieg so schnell wie möglich auszubremsen.

Einige Kritik an Harris scheint auch sexistisch zu sein – etwa wenn sich Republikaner über ihr »Gegacker« mokieren. »Es gibt jede Menge valide Kritik an Harris als Politikerin, etwa wie sie ihre Positionen im Laufe der Jahre geändert hat«, sagt die »San Francisco Chronicle«-Journalistin Tal Kopan. »Aber viele, die sie nur aus dem Fernsehen kennen, unterstellen ihr, gekünstelt zu sein – eine Kritik, die Politikerinnen immer wieder hören.« Kopan sagt, sie könne von ihren Interaktionen mit Harris bestätigen, dass sie schlichtweg der Typ sei, der gerne und viel lache.

Viele Fragen sind nach wie vor offen. Wird Biden tatsächlich 2024 für eine zweite Amtszeit antreten, so, wie er es angekündigt hat? Schließlich wäre er beim nächsten Wahltag am 5. November 2024 bereits einundachtzig Jahre alt. Oder plant Biden doch insgeheim, den Staffelstab vorher an Kamala Harris zu übergeben? Und wird der Herausforderer 2024 wieder Donald Trump heißen? Die Antworten auf diese Fragen hängen auch davon ab, welche Reformen das neue Duo an der Spitze der amerikanischen Regierung bewerkstelligt.

»Das, was einen Vizepräsidenten erfolgreich macht, ist letztendlich das Verhältnis zum Präsidenten«, sagt der Historiker Goldstein. Gemessen an der Unterstützung, die Biden ihr bisher biete, könnte Harris' Vizepräsidentschaft sehr mächtig und einflussreich werden, glaubt er. Vor diesem Hintergrund sei es auch »enorm clever« gewesen, dass

Biden auf seiner ersten Pressekonferenz im März gesagt hatte, er »geht davon aus, 2024 wieder zu kandidieren«. Das mache es auch für Harris einfacher, sich nun volle vier Jahre auf ihr Amt als Vizepräsidentin zu konzentrieren, ohne dass bereits 2022 wieder Fragen nach ihren eigenen Ambitionen aufkämen und die Regierungsarbeit beeinträchtigt sei, weil Harris in Iowa und New Hampshire ihre eigene Werbetrommel rühren müsse.

»Das Verhältnis zwischen Biden und Harris ist heute sehr herzlich«, erzählt Barbara Boxer, Harris' Vorgängerin im Senat und eine langjährige Vertraute von Joe Biden. Das liege vor allem daran, dass es aus einer familiären Verbindung hervorgegangen sei. »Harris ist sehr klug, sie versteht die Dinge schnell. Und sie hat viel Erfahrung damit, wie man eine Botschaft in der Öffentlichkeit herüberbringen muss. Ich denke, sie wird enorm loyal und unterstützend sein, egal, ob Joe auf ihre Meinung hört oder nicht.«

Bis 2024 kann viel passieren. Beobachter sind sich vor allem in einem einig: dass Harris noch eine lange politische Karriere vor sich hat. Und sollte sie als Vizepräsidentin überzeugen und die Regierung größere Pannen vermeiden, spricht nach derzeitigem Stand wenig dagegen, dass sie spätestens 2028 für das Präsidentenamt kandidiert.

»Die Geschichte Amerikas wurde immer von Menschen geschrieben, die wussten, was möglich ist, ungeachtet dessen, was war«, sagte Harris 2019 bei ihrem Wahlkampfauftakt in Oakland. Dieses Motto zieht sich wie ein Sinnspruch durch ihr Leben. Ob Bezirksstaatsanwältin in San Francisco, Justizministerin und Senatorin für Kalifornien oder nun Vizepräsidentin der Vereinigten Staaten: Kamala

Harris hat in den letzten zwanzig Jahren eindrücklich bewiesen, dass sie gläserne Decken durchbrechen kann – und dass sie immer wieder für Überraschungen gut ist.

# Quellen

## Prolog

10  *Harris rennt aus dem Badezimmer* – Alexis Okeowo, »Vice President Kamala Harris on the Road Ahead«, Vogue, 19. Januar 2021. https://www.vogue.com/article/kamala-harris-cover-february-2021
*Wir haben es geschafft* – »Kamala Harris describes moment she got the call from Biden«, *CNN*, 12. August 2020. https://www.cnn.com/videos/politics/2020/08/12/kamala-harris-joe-biden-phone-call-vice-president-sot-vpx-tsr.cnn

## 1. In die Wiege gelegt

16  *Doch der Dreiundzwanzigjährige hat genug von der britischen Gehirnwäsche* – Ellen Barry, »How Kamala Harris's Immigrant Parents Found a Home, and Each Other, in a Black Study Group«, *The New York Times*, 13. September 2020. https://www.nytimes.com/2020/09/13/us/kamala-harris-parents.html
*Auch er ist ein Einzelkämpfer* – »Countries of Birth for U. S. Immigrants, 1960-Present«, auf: Migration Policy Institute, https://www.migrationpolicy.org/programs/data-hub/charts/immigrants-countries-birth-over-time

18  *mit fünfundzwanzig, schließt Gopalan im gleichen Jahr ihre Promotion ab* – Promotionsthema: »Isolierung und Reinigung eines Trypsin-Inhibitors von Vollkornmehl«, http://oskicat.berkeley.edu/record=b14935598~S1

19  *Schon ihre Großmutter mütterlicherseits hatte in Indien* – Kamala Harris, *Der Wahrheit verpflichtet* (Siedler, 2021, aus dem Englischen von Jürgen Neubauer), S. 21.
*1967 lernt die Mutter Martin Luther King jr. persönlich kennen* – »Inside Kamala Harris' Early Years and Multicultural Upbringing«, *Biography*, 20. Januar 2021. https://www.biography.com/news/kamala-harris-childhood-mother-father

20  *Ihre Eltern seien wie Feuer und Wasser gewesen* – Harris, *Wahrheit*, S. 20.
*Einzig über die Aufteilung der Bücher* – Dana Goodyear, »Kamala Harris makes her case«, The New Yorker, 15. Juli 2019.

21  *Ich war völlig beeindruckt* – Robert Samuels, »The Jamaican Connection«, The Washington Post, 17. Januar 2021. https://www.washingtonpost.com/nation/2021/01/13/donald-kamala-harris-father/
*Donald Harris schreibt Jahre später* – »Kamala Harris' Jamaican Heritage«, *Jamaica Global*, 14. Januar 2019. https://www.jamaicaglobalonline.com/kamala-harris-jamaican-heritage/

22  *Sein 1978 veröffentlichtes Buch* – Donald J. Harris, *Capital Accumulation and*

*Distribution* (Stanford University Press 1978). https://web.stanford.edu/
~dharris/papers/Capital%20Accumulation%20and%20Income%20Distri
bution.pdf

23 *Hier siedelten sich seit den 1940er Jahren Zehntausende Afroamerikaner\*innen
an* – Marie-Astrid Langer, »In Oakland zeigt sich, wie Afroamerikaner immer noch diskriminiert, schikaniert und verdrängt werden«, *Neue Zürcher
Zeitung*, 7. Juni 2020. https://www.nzz.ch/international/unruhen-in-den-
usa-schwarze-werden-in-oakland-verdraengt-ld.1559950

24 *Die Schülerschaft der Thousand Oaks Elementary School* – »50th Anniversary
of Berkeley's Pioneering Busing Plan for School Integration«, auf: Berkeley Public School, 17. Dezember 2018. https://www.berkeleyschools.net/
2018/12/50th-anniversary-of-berkeleys-pioneering-busing-plan-for-school-
integration/#:~:text=Board%20of%20Education%20decision%20in,the%
20hills%20but%20also%20busing
*Später, von der vierten bis zur sechsten Klasse* – Ebd.

25 *Der Stadtrat von Berkeley hat gar vorgeschlagen* – Angela Ruggiero, »Berkeley proposes Kamala Harris Elementary, but will school district agree?«,
The Mercury News, 8. Dezember 2020. https://www.mercurynews.com/
2020/12/08/berkeley-proposes-kamala-harris-elementary-but-will-school-
district-agree/

26 *Das war der Soundtrack meiner Kindheit* – CNN, *Kamala Harris – Making
History*, ausgestrahlt 17. Januar 2021. https://www.youtube.com/watch?v=-
eBLvKivESw

27 *Mrs Shelton war eine zweite Mutter für Maya und mich.* – Harris, *Wahrheit*,
S. 26.

28 *Auch ihre Amtseide als Kaliforniens Justizministerin* – »Harris's Elevation as
First Female Vice President Breaks Gender, Race Barriers«, *The Wall Street
Journal*, 20. Januar 2021. https://www.wsj.com/articles/kamala-harris-
sworn-in-as-first-female-vice-president-with-wide-portfolio-11611165684?
mod=article_inline
*Im Amt und in jeden Kampf trage ich Mrs Shelton* – Kamala Harris, »Without
This Woman, I Wouldn't Be The Leader I Am Today«, *Bustle*. 4. Februar
2019. https://www.bustle.com/news/without-this-woman-i-wouldnt-be-
the-senator-i-am-today-15910352
*Ein Mentor der Mutter an der Universität Berkeley* – Harris, *Wahrheit*, S. 23.
*Wegen ihres indischen Akzents* – Ebd., S. 161.
*Verkäuferinnen seien ihrer Mutter im Kaufhaus misstrauisch* – Ebd., S. 161.
*In das Weltbild des Beamten passte offenbar nicht* – Scott Duke Harris, »From
the Archives: In Search of Elusive Justice«, Los Angeles Times, 24. Oktober
2004. https://www.latimes.com/politics/la-pol-ca-tm-kamala-20190121-
story.html
*Shyamala Gopalan wusste auch,* – Harris, *Wahrheit*, S. 24.

29 *zu selbstbewussten, stolzen Schwarzen Frauen zu erziehen* – S. 24.
*ein Mix aus Hauptquartier Schwarzer Nationalisten und Gemeindehaus* –

»The Rainbow Sign«, auf: The Berkeley Revolution« http://revolution.be rkeley.edu/projects/rainbow-sign/

29  *»Redlining« nennt man diese Trennung verschiedener Ethnizitäten* – »50th Anniversary of Berkeley's Pioneering Busing Plan for School Integration«

30  *Hier lernte ich, dass künstlerischer Ausdruck, Ehrgeiz und Intelligenz cool waren* – Harris, *Wahrheit*, S. 32.
*Meine Mutter, meine Großeltern* – Ebd., S. 24.

31  *Mein geliebter Opa* – Harris, *Wahrheit*, Bildteil S. 122 ff.
*Mein Vater und meine Onkel erzählten uns* – Kamala Harris, *Smart on Crime* (Chronicle Books, 2009), S. 9.
*Doch ihr Vorgesetzter bricht sein Wort* – Nathalie Orenstein, »Did Kamala Harris' childhood in Berkeley shape the presidential hopeful?«, in: Berke-leyside, 24.9.2019. https://www.berkeleyside.com/2019/01/24/did-kamala-harris-berkeley-childhood-shape-the-presidential-hopeful

32  *Harris mag die französische Sprache nicht* – Harris, *Wahrheit*, S. 34.

33  *Das war einer der Gründe* – »The Making of Kamala Harris«, San Francisco Chronicle podcast, Episode 4.


## 2. Identitätsfragen

34  *Britische Kolonialisten hatten Afroamerikaner* – »History of Jamaica, British Rule«, auf: Encyclopedia Britannica, 11. Juli 2021. https://www.britannica.com/place/Jamaica/British-rule
*Der amerikanische Census, die alle zehn Jahre stattfindende Volkszählung* – Nä-here Informationen zum US-Census 2020 https://2020census.gov/en/about-questions/2020-census-questions-race.html

35  *Erst seit dem Jahr 2000 können die Bürger* – Pew Research Center, »The chan-ging categories the U.S. census has used to measure race«, 25. Februar 2020. https://www.pewresearch.org/fact-tank/2020/02/25/the-changing-categories-the-u-s-has-used-to-measure-race/
*sie sei nicht »Schwarz genug«* – The Atlantic, Joshua Benton, »The Wikipedia War That Shows How Ugly This Election Will Be«, 13. August 2020. https://www.theatlantic.com/technology/archive/2020/08/the-wikipedia-war-over-kamala-harris-race/615250/

36  *auch heute noch sind 85 Prozent der Studierenden Schwarz* – Data USA, »Howard University«. https://datausa.io/profile/university/howard-university
*Ungleichheiten mit Blick auf ethnische, soziale, wirtschaftliche oder politische Umstände* – Geschichte der Howard University. https://www.howard.edu/about/history
*Mehr als 70 Prozent der Bewohner der Hauptstadt Washington* – Astead W. Herndon, »What Kamala Harris Learned About Power at Howard«, The New York Times, 14. Oktober 2020. https://www.nytimes.com/2020/

10/14/us/politics/kamala-harris-howard.html?action=click&module=Re latedLinks&pgtype=Article

36  *Das ist das Paradies* – Harris, *Wahrheit*, S. 36.

37  *Ein Blick auf den Campus … alle waren Schwarz* – Michael Finnegan, »How race helped shape the politics of Senate candidate Kamala Harris«, Los Angeles Times, 30. September 2015. https://www.latimes.com/local/politics/la-me-pol-ca-harris-senate-20150930-story.html

39  *Harris' damalige Kommilitonin und AKA-Schwester* – »The Making of Kamala Harris«, Episode 4.

40  *Besonders die Rennen um die Kongresssitze* – Center for Responsive Politics: https://www.opensecrets.org/elections-overview/winning-vs-spending?cycle=2020

41  *Es ist »ein Ort, der mich geformt hat«* – Herndon, The New York Times, 14. Oktober 2020.
    *Lehnt falsche Entscheidungen ab* – Ebd.
    *Du kannst im Leben alles erreichen* – CNN, *Making History*, ausgestrahlt 17.1.2021.
    *Schon im zweiten Studienjahr* – Herndon, The New York Times, 14. Oktober 2020.

42  *Wann genau sie beschlossen habe* – Harris, *Wahrheit*, S. 35.
    *Ihre Mutter ist stolz darauf* – Orenstein, Berkeleyside, 24.9.2019.

43  *Es ist ein System* – Kamala Harris, *The Truths we Hold* (Penguin Press, 2019), S. 69.
    *Zudem werden Schwarze Gesetzesbrecher* – »Racial Disparities in Sentencing «, ACLU, 27. Oktober 2014. https://www.aclu.org/sites/default/files/assets/141027_iachr_racial_disparities_aclu_submission_0.pdf

44  *In der Geschichte der Vereinigten Staaten* – Harris, *Wahrheit*, S. 39.
    *Aber »ich träumte davon* – Harris, ebd., S. 15.
    *Selbst im Jahr 2014* – Joe Watson, »Study: 95 Percent of Elected Prosecutors are White«, in: Prison Legal News, 8. Februar 2017. https://www.prisonlegalnews.org/news/2017/feb/8/study-95-percent-elected-prosecutors-are-white/
    *Staatsanwälte zählen für sie* – Harris, *Wahrheit*, S. 40.

45  *Ich fühlte mich beschämt* – Ebd., S. 41.
    *bei der Vorbereitung auf* – Ebd., S. 41.

46  *Im Rechtssystem haben die Staatsanwälte* – Marjolaine Grappe, »Kamala Harris, ihr Aufstieg in Kalifornien«, Arte, 23.10.2020. https://www.arte.tv/de/videos/099969-000-A/usa-kamala-harris-ihr-aufstieg-in-kalifornien/

47  *ich habe selbst eine Kassette von dem Rapper* – Harris, *Wahrheit*, S. 37.
    *Harris erarbeitet sich einen Ruf* – Scott Duke Harris, Los Angeles Times, 24. Oktober 2004.

49  *Die Verurteilungsrate ist in seinem Bezirk* – Phil Willon, »Kamala Harris is a different kind of prosecutor«, Chicago Tribune, 10. Oktober 2010. https://www.chicagotribune.com/la-me-harris-20101015-story.html

50  *Ich dachte an James Baldwin* – Harris, *Wahrheit*, S. 52.

50  *Die Leute bewerfen einander mit Dreck* – Michael Finnegan, »Kamala Harris was shaped by the crucible of San Francisco politics«, Los Angeles Times, 21. Januar 2019. https://www.latimes.com/politics/la-na-pol-kamala-harris-san-francisco-20190121-story.html
*Doch Umfragen von Harris' Wahlkampfteams* – David Siders, »›Ruthless‹: How Kamala Harris Won Her First Race«, Politico Magazine, 24. Januar 2019. https://www.politico.com/magazine/story/2019/01/24/kamala-harris-2020-history-224126

51  *Ich stand an Bushaltestellen* – Ebd.
*Die Afroamerikaner in Bayview sind ihre Basis* – Finnegan, Los Angeles Times, 21. Januar 2019.

52  *Nach meiner Vorstellung* – Harris, *Wahrheit*, S. 49.

53  *Kamala ist mitreißend* – Grappe, Arte, 23. Oktober 2020.
*Kamala Harris sei in vielerlei Hinsicht* – Scott Duke Harris, »A Challenging Search For Justice«, Los Angeles Times Magazine Special: Vice President Kamala Harris, S. 24.
*Am Ende ihres Wahlkampfs 2003* – »Harris violated S. F. campaign finance law«, *SF Gate*, 15. Januar 2012. https://www.sfgate.com/politics/article/Harris-violated-S-F-campaign-finance-law-D-A-2554388.php

54  *Ihr Wahlkampfmanager wird etwa dabei erwischt* – Finnegan, Los Angeles Times, 21. Januar 2019.
*Er ist ein legendärer Strippenzieher* – Ebd.
*Sein Spitzname im Parlament* – George Skelton, »›Ayatollah‹ Willie Brown wants a more moderate Legislature«, Los Angeles Times, 15. März 2010. https://www.latimes.com/archives/la-xpm-2010-mar-15-la-me-cap-2010mar-story.html
*im letzten Teil der Mafia-Trilogie* – »Willie Brown meets with Michael Corleone«, YouTube. https://www.youtube.com/watch?v=h-fAJRSb2SQ

55  *Der einzige Unterschied bei Harris* – Willie Brown, »Sure, I dated Kamala Harris. So what?«, San Francisco Chronicle, 11. August 2020. https://www.sfchronicle.com/opinion/article/Sure-I-dated-Kamala-Harris-So-what-13562972.php
*Sie kam zu dem Schluss* – Joanne Walsh, »Kamala Harris Has Been Here Before«, auf: The Nation, 29. Juli 2019. https://www.thenation.com/article/archive/kamala-harris-terence-hallinan-willie-brown/
*Harris' Konkurrenten im Rennen* – Peter Byrne, »Kamala's Karma«, in: SF Weekly, 24. September 2003. https://www.sfweekly.com/news/kamalas-karma/
*Nur das Erwähnen ihrer früheren Beziehung* – Ebd.

56  *Wenn deine Gegner dir weh tun* – Siders, Politico Magazine, 24. Januar 2019.
*Sie ist extrem klug* – Byrne, SF Weekly, 24. September 2003.
*Harris jedoch glaubt fest an ihren Sieg* – Grappe, Arte, 23. 10. 2020.
*»Harris«, so schreibt der »San Francisco Chronicle«* – »The Chronicle recommends / Kamala Harris for D. A.«, San Francisco Chronicle, 19. Oktober

2003. https://www.sfchronicle.com/opinion/editorials/amp/THE-CHRONICLE-RECOMMENDS-Kamala-Harris-for-D-A-2552871.php

56 *bietet die beste Chance dafür, den Schaden zu beheben* – Ebd.

57 *dass ihre Fingerknöchel wund sind* – Harris, *Truths*, S. 83.

*Auch kurz vor der Stichwahl* – »Harris, for Law and Order«, San Francisco Chronicle, 7. Dezember 2003. https://www.sfgate.com/opinion/editorials/article/Harris-for-law-and-order-2525798.php

59 *Der Mann dreht sich plötzlich um* – Officer Down Memorial Page, Police Officer Isaac Anthony Espinoza, https://www.odmp.org/officer/17277-police-officer-isaac-anthony-espinoza

60 *Tausende Beamte kommen für die Beisetzung* – Matthew B. Stannard, »Police mourn hero who refused to give up«, San Francisco Chronicle, 17. April 2004. https://www.sfchronicle.com/bayarea/article/SAN-FRANCISCO-Police-mourn-hero-who-refused-to-2766747.php

61 *Wenn sie gewusst hätte* – Philip Matier und Andrew Ross, »Feinstein's surprise call for death penalty puts D.A. on spot«, SF Gate, 21. April 2004. https://www.sfgate.com/bayarea/matier-ross/article/Feinstein-s-surprise-call-for-death-penalty-puts-3313728.php

*Ebenso drängen die zweite kalifornische Senatorin* – Philip Matier und Andrew Ross, »Sen. Boxer joins throng calling for death in killing of cop«, SF Gate, 5. Mai 2004. https://www.sfgate.com/bayarea/matier-ross/article/Sen-Boxer-joins-throng-calling-for-death-in-3324378.php

*Die Polizeigewerkschaften zeigen ihr nach dem Vorfall* – Finnegan, Los Angeles Times, 30. September 2015.

*Selbst sechzehn Jahre später noch* – CNN, *Making History*, ausgestrahlt 17. Januar 2021.

*Die Bürger von San Francisco hingegen* – Philip Matier und Andrew Ross, »D.A.'s death penalty no-go gets a thumbs-up in S.F. poll«, SF Gate, 19. Mai 2004. https://www.sfgate.com/bayarea/matier-ross/article/D-A-s-death-penalty-no-go-gets-a-thumbs-up-in-3324388.php

*Eine korrupte Mitarbeiterin hat von dort* – Michael Kranish, »Crime lab scandal rocked Kamala Harris's term as San Francisco district attorney«, The Washington Post, 6. März 2019. https://www.washingtonpost.com/politics/crime-lab-scandal-rocked-kamala-harriss-term-as-san-francisco-district-attorney/2019/03/06/825df094-392b-11e9-a06c-3ec8ed509d15_story.html

62 *Es gebe Gerüchte im Drogenlabor* – Jaxon Van Derbeken, »Judge rips Harris' office for hiding problems«, SF Gate, 21. Mai 2010. https://www.sfgate.com/bayarea/article/Judge-rips-Harris-office-for-hiding-problems-3263797.php

*Doch selbst als der Skandal publik geworden war* – Gerichtsanordnung siehe: 17. Mai 2010. https://legalpad.typepad.com/files/massulloorder.pdf

*Zudem wussten Harris' Mitarbeiter zwar* – Paul Elias und Terry Collins, »SFPD Crime Lab Case From A-Z«, NBC Bay Area, 18. April 2010. https://www.nbcbayarea.com/news/local/sfpd-crime-lab-case-from-a-z/1866446/

*Eine Überprüfung des Falls* – Kranish, The Washington Post, 6. März 2019.

63 *Der angeklagte Trulove* – »Jamal Trulove«, in: The National Registry of Exo-nerations. https://www.law.umich.edu/special/exoneration/pages/casedetail.aspx?caseid=4658

*Er und seine Familie sind bis heute* – Kyle C. Barry, »San Francisco is paying for Jamal Trulove's Wrongful Conviction. Will Kamala Harris?«, The Appeal, 2. Juli 2019. https://theappeal.org/san-francisco-is-paying-for-jamal-truloves-wrongful-conviction-will-kamala-harris/

*Doch Harris gelingt es während ihrer acht Jahre* – »S. F.'s felony conviction rate improves«, San Francisco Examiner, 15. September 2006. https://www.sfexaminer.com/news/s-f-s-felony-conviction-rate-improves/

*Lob erntet sie* – Ciara O'Rorke, »Kamala Harris didn't frame and prosecute a man for murder«, Politifact, 9. Oktober 2020. https://www.politifact.com/factchecks/2020/oct/09/viral-image/harris-didnt-frame-and-prosecute-man-murder/

64 *Obwohl wir jedes Jahr 200 Milliarden Dollar* – Harris, *Crime*, S. 16.

*Ihre früheren Mitarbeiter\*innen erinnern sich* – Jamilah King, »The Secret to Understanding Kamala Harris«, Mother Jones, 30. Dezember 2019. https://www.motherjones.com/politics/2019/12/the-secret-to-understanding-kamala-harris-2/

## 3. Einsamer Aufstieg

67 *Die sonst so uneitle Mutter ist geschminkt* – Harris, *Wahrheit*, S. 199.

*Sie habe ihr und Maya immer das Gefühl vermittelt* – Ebd., S. 20 f.

74 *Am Tag vor Thanksgiving* – Ebd., S. 100.

75 *Ihre größte Stärke war es* – »Next in Line«, Podcast, MSNBC, 19. Oktober 2020. https://www.msnbc.com/podcast/prosecution-n1243895

76 *es war mir so wichtig* – Harris, *Wahrheit*, S. 102.

*In ihrer Rede* – Amtsantrittsrede als Justizministerin siehe https://oag.ca.gov/system/files/attachments/press_releases/n2021_final_speech.pdf

77 *Denn inzwischen haben etwa 30 Prozent aller Immobilien* – »California Fore-close Statistics: The Crisis is Not Over«, Center for Responsible Lending, April 2012. https://www.responsiblelending.org/california/ca-mortgage/research-analysis/California-Foreclosure-Stats-April-2012.pdf

79 *Jedem betroffenen Kalifornier* – Edward Isaac-Dovere, »The Battle That Changed Kamala Harris«, The Atlantic, 19. August 2020. https://www.theatlantic.com/politics/archive/2020/08/kamala-harris-biden-mortgage-settlement/615394/

*Verglichen mit den Verheerungen* – Harris, *Wahrheit*, S. 108.

*Harris' Mitarbeiter beschreiben* – Isaac-Dovere, The Atlantic, 19. August 2020.

80 *Harris denkt an den Kauf* – Harris, *Wahrheit*, S. 113.

80  *Sie hätte mir geraten* – Ebd.

82  *Damit floss letzten Endes ein Großteil des Bußgeldes* – Sharon Bernstein, »Kamala Harris stood up to big banks, with mixed results for consumers in crisis«, Reuters, 9. Mai 2019. https://www.reuters.com/article/us-usa-election-harris/kamala-harris-stood-up-to-big-banks-with-mixed-results-for-consumers-in-crisis-idUSKCN1SF0YY

83  *Einzelne Kritiker, vor allem am linken Rand* – David Dayen, »Kamala Harris Celebrates her Role in the Mortgage Crisis Settlement. The Reality is quite Different«, The Intercept, 13. März 2019. https://theintercept.com/2019/03/13/kamala-harris-mortage-crisis/
*Harris sei jedoch die Einzige gewesen* – Phil Willon, »$25-billion foreclosure settlement was a victory for Kamala Harris in California, but it wasn't perfect«, Los Angeles Times, 16. Oktober 2016. https://www.latimes.com/politics/la-pol-ca-senate-harris-banks-20161016-snap-story.html

84  *Ich lernte Kamala* – Joe Biden Introduces Sen. Kamala Harris (D-CA) as Running Mate. Auf: C-Span, 12. August 2020. https://www.youtube.com/watch?v=ymyY7jez0rM
*hieß es in einer Broschüre* – »The truancy reduction initiative«, die San Francisco District Attorney's Office, auf: https://web.archive.org/web/20101229161318/https://sfdistrictattorney.org/pdfs/SFDA.truancybrochure.pdf
*Gespräche mit dem Schulbezirk von San Francisco* – Twitter-Nachrichten siehe https://twitter.com/PodSaveAmerica/status/1118544653920288769
*Die Lernforschung habe jedoch nachgewiesen* – Harris, *Wahrheit*, S. 138.

85  *Allein im Jahr 2008 erhebt ihr Büro* – »The Truancy Reducation Initiative«, abgerufen über Way Back Machine: https://web.archive.org/web/20101229161318/https://sfdistrictattorney.org/pdfs/SFDA.truancybrochure.pdf

86  *Auch träfen die Sanktionen vor allem afroamerikanische* – Gene Demby, »The Story Behind Kamala Harris' Truancy Program«, National Public Radio, 17. Oktober 2020.
*Redden beschrieb für die »Huffington Post«* – Molly Redden, »The Human Costs Of Kamala Harris' War On Truancy«, The Huffington Post, 27. März 2019. https://www.huffpost.com/entry/kamala-harris-truancy-arrests-2020-progressive-prosecutor_n_5c995789e4b0f7bfab57d2e
*In Kalifornien besuchen etwa 7,5 Prozent* – California Department of Education, Private School Facts, https://www.cde.ca.gov/sp/ps/cefprivinstr.asp
*Noch 2013 pries sie es* – Eugene Kiely, »Kamala Harris Spins Facts on Truancy«, auf: FactCheck.org, 14. Mai 2019. Lawhttps://www.factcheck.org/2019/05/kamala-harris-spins-facts-on-truancy-law/

87  *ich bedauere, dass das passiert ist* – Twitter-Nachrichten siehe https://twitter.com/PodSaveAmerica/status/1118544653920288769
*Erst 2018, als Senatorin* – Kamala Harris kündigt auf Twitter ihre Unterstützung für die Legalisierung von Marihuana an, 10. Mai 2018. Siehe Twitter: https://twitter.com/VP/status/994595315805310976?lang=en

92 *Als alleinstehende und berufstätige Mittvierzigerin* – Harris, *Wahrheit*, S. 142.
*Zu Beginn sah ich ihn einfach als Anwalt* – Jessica M. Goldstein, »The Good Husband«, Marie Claire, 5. Oktober 2020. https://www.marieclaire.com/politics/a34099869/doug-emhoff-interview-2020/
*Emhoff ist verblüfft* – Ebd.

95 *Natürlich taten wir beide* – Harris, *Wahrheit*, S. 144.
*Doug kannte keine Angeberei* – Ebd., S. 73.
*Es sei ein wunderbarer Abend* – CNN, *Making History*, ausgestrahlt 17.1.2021.

96 *Auf Instagram veröffentlichte Meena Harris* – Foto von Meena Harris, 28. Juli 2019. Siehe Instagram: https://www.instagram.com/p/B0e5KFSJEGn/?utm_source=ig_embed

97 *Meine Oma und meine Tante* – Jessica Bennett, »Kamala Harris Will Make History. So Will Her ›Big, Blended‹ Family«, The New York Times, 17. Januar 2021. https://www.nytimes.com/2021/01/17/us/kamala-harris-doug-emhoff-family-inauguration.html
*Wir scherzen immer* – Sharon Driscoll, »Tony and Maya: Partners in Public Service«, Stanford Lawyer, 17. Mai 2010. https://law.stanford.edu/stanford-lawyer/articles/tony-and-maya-partners-in-public-service/

98 *Sie war immer für uns alle da* – Okeowo, Vogue, 19.1.2021. https://www.vogue.com/article/kamala-harris-cover-february-2021

99 *Wow, das ist cool* – Goldstein, Marie Claire, 5. Oktober 2020.
*Die teilen die Zeitrechnung in Harris' Leben* – Harris, *Truths*, S. 129.

100 *Als Harris gerade über der Speisekarte* – Harris, *Wahrheit*, S. 150.
*Bis dahin war Doug Emhoff* – Jessica Bennett, »What's It Like to Have Kamala Harris as ›Momala‹? We Asked Her Stepkids.« The New York Times, 17. Januar 2021. https://www.nytimes.com/2021/01/17/us/politics/kamala-harris-stepmom-cole-ella-emhoff.html

101 *Zu sagen, dass Kamala Kochen liebt* – Okeowo, Vogue, 19.1.2021.
*Solange ich sonntags das Mittagessen zubereite* – Harris, *Wahrheit*, S. 152.

102 *Wenn du deinen Lebensplan für die nächsten zehn Jahre nicht parat* – Jessica Bennett, »What's It Like to Have Kamala Harris as ›Momala‹? We Asked Her Stepkids«, The New York Times, 17. Januar 2021. https://www.nytimes.com/2021/01/17/us/politics/kamala-harris-stepmom-cole-ella-emhoff.html

103 *Wirklich verstanden habe ich all das erst* – Adam Edelman, »The first ›second gentleman‹? Meet Kamala Harris' husband, Doug Emhoff«, NBC News, 13. August 2021. 2020. https://www.nbcnews.com/politics/2020-election/first-second-gentleman-meet-kamala-harris-husband-doug-emhoff-n1236554
*Ich ging davon aus* – »Next in Line«, 19. Oktober 2020.

104 *Harris will die Missstände, gegen die sie in Kalifornien gekämpft hat* – Harris, *Wahrheit*, S. 158.

105 *Auch diesmal kann sie auf den Rückhalt ihrer Familie zählen* – Interview mit Patentochter, »#KidsForKamala: Catching Up With Kamala«, YouTube, 2. September 2019. https://www.youtube.com/watch?v=HU29zZQKxfg
*Harris bekommt 40 Prozent der Stimmen* – California Primary Results, The New York Times, 29. September 2016. https://www.nytimes.com/elections/2016/results/primaries/california
*Die Anwaltskanzlei Venable, für die ihr Ehemann arbeitet,* – California Senate 2016 Race – Top Contributors, auf: OpenSecrets.org. https://www.opensecrets.org/races/contributors?cycle=2016&id=CAS1&spec=N

108 *sie beeinflussen meine Perspektive* – Finnegan, Los Angeles Times, 30. September 2015.
*Zuvor sei die Debatte um Polizeigewalt von Emotionen und Anekdoten bestimmt* – Melanie Mason und Michael Finnegan, »Black men killed by police – what did Kamala Harris do about it?«, Los Angeles Times, 6. August 2019. https://www.latimes.com/politics/story/2019-08-05/kamala-harris-police-shootings-black-lives-matter

109 *Auf der anderen Seite hielt sich Harris* – Ebd.

110 *Doch sie lehnt sich zu weit aus dem Fenster* – Phil Willon, »Rep. Loretta Sanchez responds to criticism over comment on Muslims«, Los Angeles Times, 11. Dezember 2015. https://www.latimes.com/local/politics/la-me-pc-loretta-sanchez-comment-muslims-20151211-story.html

111 *Das Nachrichten-Portal »Politico«* – Will Kane, »Why Is the Most Groundbreaking Senate Race Ever So Uninspiring?«, Politico Magazine, 7. November 2016. https://www.politico.com/magazine/story/2016/11/2016-california-senate-harris-sanchez-jungle-open-primary-reform-214429/

112 *Er gewinnt doch nicht, oder?* – Harris, *Wahrheit*, S. 8.

113 *Ich habe vor zu kämpfen* – Video »Kamala Harris Speaks on Election Night«, auf: YouTube, 9. November 2016. https://www.youtube.com/watch?v=3K5leD-ZxOo

5. Harte Fragen im Senat

114 *Wenige Wochen später beginnt Harris* – United States Senate, Orientation Programs. https://www.senate.gov/about/traditions-symbols/orientation-programs.htm

116 *Von den rund 800 000 »Dreamer«* – Alicia Parlapiano und Karen Yourish, »A Typical ›Dreamer‹ Lives in Los Angeles, Is From Mexico and Came to the U.S. at 6 Years Old«, New York Times, 23. Januar 2018. https://www.nytimes.com/interactive/2017/09/05/us/politics/who-are-the-dreamers.html

118 *Insgesamt spricht sich Harris gegen* – Tal Kopan, »Kamala Harris in the Senate«, San Francisco Chronicle, 11. Januar 2019. https://www.sfchronicle.com/politics/article/Kamala-Harris-prosecutor-past-could-be-a-2020-1352 4773.php

118 *Ihr ehemaliger Mitarbeiter Sergio Gonzalez* – Ebd.

121 *Als Harris ihm wieder einmal ins Wort fällt* – Video »Sen. Kamala Harris Goes After Atty. Gen Jeff Sessions«, auf: Los Angeles Times, 13. Juni 2017. https://www.youtube.com/watch?v=mK_HmEFxCpI
*Statt zu sagen, das Ergebnis ist acht* – Kopan, San Francisco Chronicle, 11. Januar 2019.

122 *Ihre Senatskollegin Maggie Hassan* – Kamala Harris, »Sen. Kamala Harris On Being ›Momala‹«, Elle, 10. Mai 2019. https://www.elle.com/culture/career-politics/a27422434/kamala-harris-stepmom-mothers-day/
*Eine andere Aufnahme zeigt ihre Mutter* – Kopan, San Francisco Chronicle, 11. Januar 2019.

133 *Am 6. Oktober 2018* – United States Senate, Supreme Court Nominations (1789-Present). https://www.senate.gov/legislative/nominations/SupremeCourtNominationspresent.htm
*Sie ist eine echte Kämpferin* – Kopan, San Francisco Chronicle, 11. Januar 2019.
*Als ich in den Senat einzog* – »The Making of Kamala Harris«, Episode 5.

134 *Barr spielte bei der Veröffentlichung dieses Berichts* – »Read Attorney General William Barr's Summary of the Mueller Report«, The New York Times, 24. März 2019. https://www.nytimes.com/interactive/2019/03/24/us/politics/barr-letter-mueller-report.html
*Stück für Stück zeichnet sie das Bild* – Video »William Barr stumped by Kamala Harris' question«, CNN, 1. Mai 2019. https://www.youtube.com/watch?v=ktdi_LorYkk

135 *Dabei können schon ein paar Tage hinter Gittern* – Kamala Harris und Rand Paul, »Kamala Harris and Rand Paul: To Shrink Jails, Let's Reform Bail«, The New York Times, 20. Juli 2017. https://www.nytimes.com/2017/07/20/opinion/kamala-harris-and-rand-paul-lets-reform-bail.html

137 *Harris verstehe es hervorragend* – »The Making of Kamala Harris«, Episode 6

6. Missglückter Griff nach den Sternen

144 *Ebenso findet Harris im Netzwerk ihrer alten Howard-Verbindung* – Kamala Harris D) – US-Senator from California, auf: OpenSecrets.org. https://www.opensecrets.org/2020-presidential-race/kamala-harris/candidate?id=N00036915
*Sie hat es geliebt, lokale Restaurants zu finden* – »Next in Line«, Podcast, MSNBC, 26. Oktober 2020. https://www.msnbc.com/podcast/transcript-running-empty-n1245055

145 *Machst du Witze* – Video von Harris' Marihuana-Beichte, auf: YouTube, 11. Februar 2019. https://twitter.com/kylegriffin1/status/1094974352712499201
*Und das alles nur für einen politischen Vorteil* – »Donald Harris slams his

daughter Senator Kamala Harris for fraudulently stereotyping Jaimaicans and accuses her of playing identity politics«, Jamaica Global online, 15. Februar 2019 https://web.archive.org/web/20190221190945/https://www.jamaicaglobalonline.com/donald-harris-slams-his-daughter-senator-kamala-harris-for-fraudulently-stereotyping-jamaicans-and-accusing-her-of-playing-identity-politics/

146 *Ich rede gern über meinen Vater* – Goodyear, The New Yorker, 15. Juli 2019.

147 *Eigentlich kennen und mögen sich die beiden* – Edward-Isaac Dover, »The Inside Story of the Biden-Harris Debate Blowup«, Politico Magazine, 19. Mai 2021.

*In der Fernsehdebatte* – Goodyear, The New Yorker, 15. Juli 2019.

150 *wie ein unerwarteter Schlag in die Magengrube* – Eric Bradner, »Exclusive: Jill Biden on Kamala Harris' attack: The American people ›didn't buy it‹«, CNN, 8. Juli 2019. https://www.cnn.com/2019/07/08/politics/jill-biden-surprised-kamala-harris-debate/index.html

151 *Gemäß Medienberichten* – Dover, Politico Magazine, 19. Mai 2021.

152 *Doch Gabbards Darstellung an diesem Abend* – Alice Miranda Ollstein, »California Attorney General Says Her Office's Defense Of Prison Labor ›Evokes Chain Gangs‹«, auf : Think Progress, 19. November 2014. https://thinkprogress.org/california-attorney-general-says-her-offices-defense-of-prison-labor-evokes-chain-gangs-5c768fd447a4/

154 *In der ersten Fernsehdebatte* – Dareh Gregorian, Benjy Sarlin und Vaughn Hillyard, »Kamala Harris walks back her hand-up moment on health insurance in Democratic debate«, auf: NBC News, 29. Juni 2019. https://www.nbcnews.com/politics/2020-election/kamala-harris-walks-back-her-hand-moment-health-insurance-democratic-n1024756

156 *In den sozialen Netzwerken kursieren* – »Fact check: Kamala Harris did not switch from identifying as Indian-American to Black«, auf: Reuters, 21. August 2020. https://www.reuters.com/article/uk-fact-check-harris-did-not-switch-raci-idUSKBN25H1RC

157 *Ihr republikanischer Senatskollege aus Georgia* – Associated Press, »*Republican senator faces backlash after mocking colleague Kamala Harris' name*«, auf: Los Angeles Times, 16. Oktober 2020. https://www.latimes.com/politics/story/2020-10-26/kamala-harris-name

*Auch Präsident Trump* – Video der Trump-Rally in Michigan, auf: Twitter, 30. Oktober 2020. https://twitter.com/atrupar/status/1322233653515177986

159 *Im November wirft dann Harris' Wahlkampfleiterin* – Kündigungsschreiben von Kelly Mehlenbacher, auf: The New York Times, 11. November 2019. https://int.nyt.com/data/documenthelper/6541-mehlenbacher-harris-resignation-letter/f0475e62906e5d2056f8/optimized/full.pdf#page=1

164 *Für fast alle Anwärter im Spitzenfeld* – Tweet von Nate Silver, Twitter, 3. Dezember 2019. https://twitter.com/NateSilver/status/1201929642644561920

**167** *2019 hatte sie den Großteil der Abstimmungen* – Übersicht über Harris' »Missed Votes«, auf: GovTrack.us https://www.govtrack.us/congress/members/kamala_harris/412678

**168** *Etwa gleich viele* – Associated Press, »US Tops 500,000 Virus Deaths, Matching the Toll of 3 Wars«, auf: US News, 22. Februar 2021. https://www.usnews.com/news/health-news/articles/2021-02-22/vaccine-efforts-redoubled-as-us-death-toll-draws-near-500k#:~:text=The%20COVID%2D19%20death%20toll,II%2C%20Korea%20and%20Vietnam%20combined

**173** *Gemäß Schätzungen* – Larry Buchanan, Quoctrung Bui und Jugal K. Patel, »Black Lives Matter May Be the Largest Movement in U. S. History«, The New York Times, 3. Juli 2020. https://www.nytimes.com/interactive/2020/07/03/us/george-floyd-protests-crowd-size.html
*Die Leute demonstrieren* – Kamala Harris, »To Be Silent Is to Be Complicit«, auf : Cosmopolitan. 4. Juni 2020. https://www.cosmopolitan.com/politics/a32766156/kamala-harris-black-lives-matter-protests/

**174** *Racial Justice* – Gesetzestext der »Justice in Policing Act 2020«, https://www.booker.senate.gov/imo/media/doc/Justice_in_Policing_Act.pdf
*Man kann so ziemlich alles als vernünftig erklären* – Kamala Harris, »We've announced the Justice in Policing Act to reform our nation's police departments«, auf: Medium, 10. Juni 2020. https://medium.com/@SenKamalaHarris/weve-announced-the-justice-in-policing-act-to-reform-our-nation-s-police-departments-8ebcea24c0
*Amerikas Bürgersteige sind getränkt* – Kamala Harris, »America is in pain right now«, auf: Medium, 31. Mai 2020. https://kamalaharris.medium.com/america-is-in-pain-right-now-76f07b9d8caa

**177** *Anfang August warnen ihn beispielsweise mehr als hundert prominente Afroamerikaner* – Michael Scherer und Jenna Johnson, »Joe Biden pressed again to name a Black woman as his running mate«, The Washington Post, 10. August 2020. https://www.washingtonpost.com/politics/joe-biden-pressed-again-to-name-a-black-woman-as-his-running-mate/2020/08/10/d383d786-db2d-11ea-8051-d5f887d73381_story.html

**178** *nicht einmal einen Eimer warme Spucke wert* – Patrick Cox, »Not Worth a Bucket of Warm Spit«, auf: History News Network https://historynewsnetwork.org/article/53402

**179** *Zu verdanken ist das besonders Präsident Jimmy Carter* – »Walter F. Mondale Collection«, auf: Minnesota Historical Society https://www.mnhs.org/mondale/biography

**180** *Es war eine Fernsehdebatte* – Video »Sen. Kamala Harris On Joining The Biden Ticket: I'd Be Honored«, auf: The Late Show with Stephen Colbert, 18. Juni 2020. https://youtu.be/jkTOpWzC9Rc

**182** *Man könnte zusammenfassend festhalten* – Video »How Kamala Harris' California career prepared her for the White House«, auf: Los Angeles Times, 19. Januar 2021. https://www.youtube.com/watch?v=sCaySpgQ19Y

186 *Das ist genau die Motivation* – Tweet von Terry Bielby siehe Twitter, 22. September 2020. https://twitter.com/TerraBielby/status/1308494841731584 002

191 *Bevor sie dieser auch nur eine Frage stellt* – Video »Sen. Kamala Harris questions Supreme Court nominee Amy Coney Barrett«, auf: PBS Newshour, 13. Oktober 2020. https://www.youtube.com/watch?v=j7hUb0uH6DM

192 *Die Datenplattform Fivethirtyeight* – »2020 Election Forecast«, auf: Fivethirtyeight. https://projects.fivethirtyeight.com/2020-election-forecast/

## Nachwort: Geschichte schreiben

196 *Die neue Vizepräsidentin Kamala Harris* – Sabrina Tavernise, »Kamala Harris, Daughter of Immigrants, Is the Face of America's Demographic Shift«, The New York Times, 15. August 2020. https://www.nytimes.com/2020/08/15/us/second-generation-immigrant-kamala-harris.html

199 *Auch Mike Pence musste dies als Vizepräsident regelmäßig* – Historische Übersicht zu den Abstimmungen mit Vizepräsidenten, auf: Ballotpedia: https://ballotpedia.org/Tie-breaking_votes_cast_by_vice_presidents_in_the_Senate

201 *Harris hat inzwischen* – Tal Kopan, »Kamala Harris dissolving PACs, giving money to charity«, San Francisco Chronicle, 10. Januar 2021. https://www.sfchronicle.com/politics/article/Kamala-Harris-dissolving-PACs-giving-money-to-15856086.php

202 *Natürlich ist es komisch* – Virginia Chamlee, »Second Gentleman Doug Emhoff on What He's Learned from His Classroom Day Job«, People, 9. März 2021. https://people.com/politics/doug-emhoff-on-what-hes-learned-in-new-teaching-role/

204 *Aber wenn Meena in Privatflugzeugen von Spendern reise* – Noah Bierman, »Meena Harris has a personal brand. Some fear she's profiting from her Aunt Kamala's office«, Los Angeles Times, 11. Februar 2021. https://www.latimes.com/politics/story/2021-02-11/meena-branding-business-kamala-harris-niece

*Der Senator Lindsay Graham etwa spekuliert bereits* – David Lightman, »Did Kamala Harris bail out Minneapolis rioters last year? Here are the facts«, Sacramento Bee, 18. Februar 2021. https://www.sacbee.com/news/politics-government/article9293135.html